W0063460

**Windspiel
Verlag
Scharbeutz**

www.windspiel-verlag.de

Handlungen und Personen sämtlicher Kurzgeschichten sind frei erfunden. Ähnlichkeiten mit lebenden oder toten Personen sind rein zufällig und nicht beabsichtigt.

SYLT

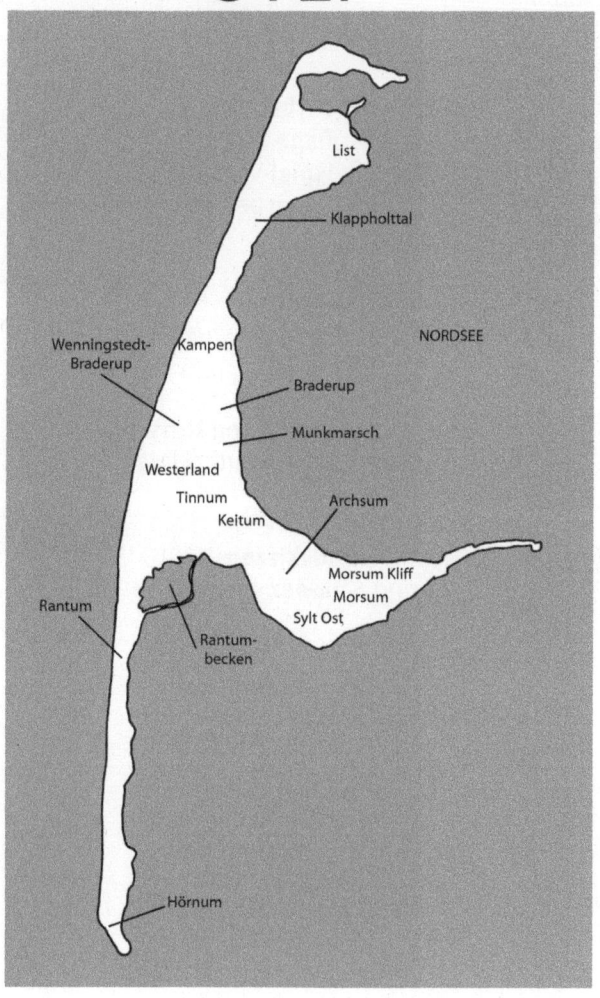

List

Klappholttal

NORDSEE

Wenningstedt-
Braderup

Kampen

Braderup

Munkmarsch

Westerland

Tinnum

Archsum

Keitum

Morsum Kliff

Morsum

Rantum

Sylt Ost

Rantum-
becken

Hörnum

Impressum

© Windspiel Verlag, Scharbeutz
2. Auflage 2015
www.windspiel-verlag.de
Alle Rechte vorbehalten

Lektorat
Birgit Rentz, Itzehoe

Künstlerische Gestaltung Umschlag
x-act.werbung, Scharbeutz/Klingberg

Handskizzen
Karina Schaper, Bliesdorf

Satz und Technik
Martin Kreber, Scharbeutz

Druck
CPI Clausen & Bosse, Leck

ISBN 978-3-944399-01-0

Krimineller Reiseführer

Hrsg. Dietlind Kreber

Band 4

SYLT

INHALT

Krimineller Reiseführer Sylt

Vorwort

Urlaub auf der Insel mit den vielen Gesichtern ist etwas ganz Besonderes. Schon bei der Fahrt über den Hindenburgdamm spürt man den Zauber, der den Besucher spätestens bei der Ankunft gefangen nimmt und ihn nur schwer wieder loslässt. Zu erklären, warum das so ist, ist unmöglich. Sind es der besondere Lifestyle oder die vielen idyllischen Plätze in der Natur? Die Antwort darauf kann sich nur jeder selbst geben.

Auf der Insel gibt es immer wieder Neues zu entdecken. Und wer könnte Ihnen dabei besser zur Seite stehen als Sylter Autoren und ihre ortskundigen Kollegen? Die Schattenseiten der Insel und ihre Schönheit vor Augen haben sie sich ihre eigenen Gedanken über das turbulente Leben auf Sylt gemacht und mit viel Lokalkolorit in achtzehn Kurzkrimis gepackt.

Folgen Sie ihnen zu bekannten und unbekannten Orten und erforschen Sie die Insel auf eine ganz besondere Art. Unternehmen Sie eine Fahrt zu den Seehundsbänken, lernen Sie das Klappholttal näher kennen und lassen Sie sich in das Sylt einer fernen Zukunft mitnehmen.

Gänsehaut, Entsetzen oder Schmunzeln: Dieses und Meer wird Ihnen in den spannenden Krimis geboten. Und wem das nicht genug ist, der kann anhand der Tatortskizzen den Spuren der Täter und Opfer folgen.

Eine unterhaltsame Reise wünscht Ihnen

Ihre Herausgeberin

Dietlind Kreber

Keitum

Das grüne Herz der Insel ist für viele die Schönheitskönigin. Reetgedeckte Kapitänshäuser mit idyllischen Bauerngärten sind in den engen Straßen und Gässchen an der Tagesordnung. Einige sind über 200 Jahre alt und ein Symbol für die Zeit, in der die Sylter durch Walfang zum Wohlstand kamen.

Ein atemberaubender Blick auf das Weltnaturerbe Wattenmeer und die Ostküste der Insel Sylt bis nach List ist auf dem „Grünen Kliff" garantiert. Darüber steht stolz die Kirche St. Severin, die im 13. Jahrhundert erbaut wurde und sich großer Beliebtheit erfreut. Und wer sich traut, kann sich dort auch das Jawort geben. Auf dem angrenzenden Friedhof haben neben namhaften Sylter Familien auch einige bekannte Persönlichkeiten wie der Verleger Peter Suhrkamp ihre letzte Ruhestätte gefunden.

Am nordwestlichen Ortsrand von Keitum in unmittelbarer Nähe der Kirche gelegen befindet sich der nördlichste Weinberg Deutschlands. Er wurde 2010 angelegt und umfasst eine Fläche von 3000 Quadratkilometern. Hier gedeihen die frühreifen Sorten „Solaris" und „Rivaner", die auf drei Seiten durch Bewuchs windgeschützt heranreifen können.

KEITUM-
WESTERLAND-
KAMPEN

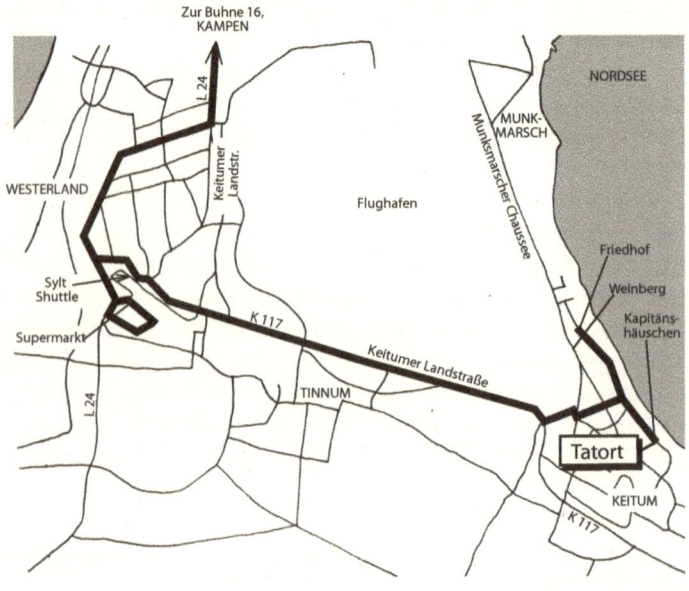

Wenn's am schönsten ist,
soll man gehen

Sina Beerwald

Irgendwer auf dieser Insel muss doch verantwortlich sein. Meine Urlaubszeit ist kostbar, sie ist mir sogar so teuer, dass sie meinem Banker einen freundlichen Anruf am Anreisetag wert ist. Wann ich denn wieder im Lande sei und es mir genehm wäre, mich mit ihm über meinen Dispo zu unterhalten. Nichts ist mir genehm, und schon gar nicht dieses Wetter hier.

Tausend Kilometer quer durch die Republik liegen hinter mir, ich will was von der Welt sehen – und was betrachte ich?

Regentropfen auf Fensterscheiben. Letztere machen dadurch wenigstens den Eindruck, als seien sie ein halbes Jahrhundert nicht geputzt worden. Sehr schön, kommt mit auf die Beschwerdeliste.

Ich habe mich in Keitum in ein schmuckes Kapitänshäuschen aus dem Jahre 1782 eingemietet. Ruhige Lage, mit familiärer Atmosphäre, auf einem eingewachsenen Grundstück mit altem Baumbestand und traumhafter Aussicht. Tatsächlich, alles wie im Prospekt beschrieben, aber nicht so, wie ich es mir vorgestellt habe.

Der Türstock ist so niedrig, dass ich mein Zimmer nur gebeugt betreten kann, die Fenster so klein, dass kaum Licht hereinkommt, und ständig fragt mich die Pensionswirtin, ob alles in Ordnung sei.

Nichts ist in Ordnung. Nicht mal beim Frühstück kann ich in Ruhe Zeitung lesen, weil sie erst fragt, ob ich mein Ei vier oder sechs Minuten lang gekocht haben möchte, dann, ob ich einen frisch gepressten Orangensaft haben will oder vielleicht doch lieber Rührei?

Danke nein, ich möchte einfach nur eine Tasse Kaffee, schwarz, und meine Ruhe.

Doch leider scheine ich der einzige Gast in diesem Haus zu sein und damit auch ihr einziges Opfer. Sie setzt sich zu mir an den Tisch. Was denn meine Pläne für den heutigen Tag seien, will sie wissen, um mich mit wertvollen Tipps zu versorgen. Herrje, woher soll ich im Urlaub morgens um zehn Uhr wissen, was ich unternehmen will? Noch dazu bei diesem Regen? Ich habe doch sowieso schon alles von der Insel gesehen.

Es gibt zwei schnurgerade Hauptverkehrsstraßen – eine von Nord nach Süd und eine von Ost nach West – und Sie können mir glauben, dass ich beide Landstraßen schon hundert Mal mit dem Auto rauf und runter gefahren bin, schön gemächlich mit Tempo fünfzig, damit ich die wunderschöne Dünenlandschaft auf mich wirken lassen kann. Andere haben es ja immer so furchtbar eilig.

Da hing mir doch tatsächlich ein Fahrer wild gestikulierend und lichthupend auf der Stoßstange – ein Insulaner, wie ich dem Autokennzeichen nach seinem wagemutigen Überholmanöver entnehmen konnte.

Die Eingeborenen haben einfach keinen Blick mehr für die Schönheit ihrer Insel und besonders am Wochenende, wenn die meisten Touristen unterwegs sind, tun sie so, als ob sie es furchtbar eilig hätten. Ganze Reinigungstrupps hetzen von einem Appartement zum nächsten, während unsereins dann doch mit den Koffern auf der Straße warten muss, bis das Zimmer endlich fertig ist.

Meine Vermieterin hat dem Ganzen jedoch die Krone aufgesetzt: Mein Koffer wurde von der alten Dame bei meiner Ankunft erst mal in die Abstellkammer verfrachtet, natürlich konnte sie es sich nicht verkneifen, die dreißig Kilo Gewicht mit einem entsprechenden Stöhnen zu kommentieren. Dann schickte sie mich mit salbungsvollen Worten zum Strand, wo ich die Wartezeit überbrücken sollte. Die vorigen Gäste seien leider zu spät abgereist und es gäbe einiges sauber zu machen, aber sie würde sich beeilen, damit das Zimmer wirklich in einer Stunde zur Verfügung stehe.

Ist ja nett von ihr, aber es wäre mir lieber gewesen, wenn sie ordentlich geputzt hätte. Wozu die ganze Hektik, wenn ich doch erst zur vereinbarten Anreisezeit um vierzehn Uhr ins Zimmer durfte? Die tote Fliege hinterm Nachttisch kommt jedenfalls mit auf die Beschwerdeliste.

Aber zurück zum Frühstück. Bei meiner Zeitung bin ich noch nicht mal bis zum politischen Teil vorgedrungen, da kenne ich bereits die Lebensgeschichte meiner Pensionswirtin auswendig.

Zweiundachtzig ist sie, seit einem halben Jahrhundert führt sie diese Pension, ihre drei Töchter sind des eintönigen Lebens auf der Insel überdrüssig und leben mit ihren Familien in alle Welt verstreut und kämen nur selten zu Besuch. Urlaubsgäste hätte sie leider auch nicht mehr so viele, Stammgäste gäbe es gar keine mehr, alle seien schon verstorben. Mich wundert, dass sie die Pension trotzdem noch halten kann. Wahrscheinlich hat ihr Ehemann einiges auf die hohe Kante gewirtschaftet und davon lebt sie jetzt. Vor fünf Jahren sei ihr Traugott gestorben, erzählt sie. An einem Herzinfarkt.

Mein Beileid, denke ich. Ja, ich denke es, weil keine ihrer Atempausen so lang ist, dass ich wenigstens diese zwei Worte darin unterbringen könnte, und sowieso müsste ich dem Mann mein Beileid aussprechen.

Ihre Trauer scheint sich ohnehin in Grenzen zu halten. Eigenbrötlerisch, engstirnig und mürrisch sei ihr Ehemann gewesen, erfahre ich ungefragt, und das sei im Alter immer schlimmer geworden. Natürlich unterstreicht sie das mit wortreichen Beispielen, vorgebracht ohne Punkt und Komma, und am Ende komme ich zu dem Schluss, dass sein Tod wohl für beide eine Erlösung gewesen sein muss.

Ich seufze, stürze meinen Kaffee herunter und falte den ungelesenen politischen Teil meiner Zeitung zusammen. Mit meiner Diplomatie ist es jetzt auch nicht mehr weit her: „Kein Wunder", sage ich und erhebe mich vom Frühstückstisch.

Tatsächlich habe ich sie zum Nachdenken gebracht und die zehn Sekunden Ruhe nutze ich, um hinzuzufügen: „Der Regen hat nachgelassen. Wenn Sie mir bitte ein Lunchpaket herrichten würden, ich möchte heute in der stillen Einsamkeit der Dünen ein Picknick machen."

„Oh, wie romantisch. Dann packe ich Ihnen noch zwei Gläser und eine Sektflasche mit dazu. Die geht aber aufs Haus."

„Gute Idee", sage ich.

Ein Lächeln überstrahlt das Gesicht meiner Pensionswirtin und ich gehe mit einem Nicken an ihr vorbei die ausgetretene Dielentreppe nach oben. Auf einer der knarzenden Stufen halte ich noch einmal inne und rufe meiner Wirtin über die Schulter zu: „Die Gläser können Sie sich allerdings sparen. Ich möchte allein sein. Mit mir und der Sektflasche."

In meinem Zimmer atme ich erst einmal tief durch. Da könnte man glatt Mordgedanken bekommen. Ich stelle mich ans Fenster, wo die salzigen Regentropfen in der hervorbrechenden Sonne zu einer weißlichen Krustenschicht antrocknen. Was für ein Stress, so ein Urlaub.

Ach ja, der fehlende Meerblick muss auch noch auf die Beschwerdeliste. Den kann ich ja wohl auf einer Insel bei einem Haus mit angeblich traumhafter Aussichtslage erwarten. Stattdessen: ein Albtraum.

Eine Schlicklandschaft, so weit das Auge reicht. Keine tosende Brandung, nicht mal sanfte Wellen. Dafür der Blick auf eine Karawane, die mit gelben Gummistiefeln an den Füßen durch den Morast watet und mit langen Holzstecken im Bodengrund herumstochert, wahrscheinlich Wünschelrutengänger auf der Suche nach Wasseradern.

Ich wende mich von diesem Trauerspiel ab und nahtlos dem nächsten zu, weil meine Wirtin das Lunchpaket nach diesen fünf Minuten immer noch nicht fertig hat. Also beschließe ich, sie ein bisschen zu verwirren, indem ich wortlos das Haus verlasse und einen Spaziergang zur nahegelegenen St. Severin Kirche mache.

Auf dem verwunschenen Friedhof zwischen den Kapitänsgräbern suche ich auf den modernen Grabsteinen leider vergeblich den Namen Traugott Lorenzen, dabei hätte ich so gerne Zwiesprache mit ihm gehalten. Immer ein gutes Gefühl, wenn man weiß, dass man verstanden wird. Noch dazu von einem, der nicht viele Worte macht.

Auf dem Rückweg komme ich an Deutschlands nördlichstem Weinberg vorbei – oder dem, was die Friesen darunter verstehen. Auf dreitausend ebenen Quadratmetern trotzen die Reben Wind und Wetter. Und weil ich immer noch kein Lunchpaket habe, packe ich mir meine Tasche mit Trauben voll. So habe ich was zu essen und der Winzer den Vorteil, dass er seinen Wein noch teurer verkaufen kann, weil ein Prozent von seinen dreihundert Kilo Jahresertrag fehlt.

Dann endlich, auf dem Beifahrersitz ein üppiges Lunchpaket und die Sektflasche – aber bei einem Aufpreis von fünf Euro erwarte ich wenigstens frische Erdbeeren und richtige Brötchen anstelle dieser Schnittchen – und so rolle ich wenig begeistert frühmorgens um viertel vor zwölf in Kolonne von Keitum nach Westerland, wo ein Verkehrsaufkommen wie auf der Champs-Élysées herrscht. Stau vom Autozug runter und wieder rauf. Und ich mittendrin in dieser Endlosschleife, weil jeder Depp mit dem Auto auf die Insel kommen muss, anstatt den Personenzug oder das Schiff zu nutzen.

Ich beschließe, den Linksverkehr einzuführen, so kommt man wenigstens voran, und endlich stehe ich drei Straßen weiter vor dem Bäcker und mit mir zwanzig andere Leute. Kieler und Bürgermeister verkaufen die hier in rauen Mengen, und dabei hatte ich mich so auf Laugenbrezeln gefreut. Das muss mit auf die Beschwerdeliste. Wenn von Hausmannskost die Rede ist, dann erwarte ich auch von einem Lunchpaket, dass es so hergerichtet ist wie die Care-Pakete meiner Mutter. Und dazu gehören Laugenbrezeln.

Und überhaupt, die Daheimgebliebenen – was werden die sich ihre Schandmäuler zerreißen, wenn ich weiß wie die Gischt zurückkomme. Also kurz entschlossen rein in den örtlichen Supermarkt, wo ich gerade noch den Start der Deutschen Toureneinkaufswagenmeisterschaft mitbekomme. Beim Boxenstopp wird's eng und die Kassiererin gibt mir zwanzig Euro zu viel raus, aber das ist ihr Fehler.

Mit einem gewinnenden Lächeln verabschiede ich mich und fahre zurück ins Kapitänshäuschen nach Keitum.

Unter der Dusche stelle ich fest: Der Selbstbräuner macht hässliche Flecken auf den weißen Kachelfugen, die Spritzer bekommt man kaum mehr weg. Aber das ist in ein paar Tagen die Sorge meiner Wirtin, schließlich habe ich Endreinigung bezahlt.

Okay, denke ich mir, und trotze meinem bleichen Schicksal, indem ich zur Buhne 16 kurz hinter Kampen fahre.

Insel der Schönen und Reichen – hier leider keine Spur davon, besonders nicht von Ersteren, denke ich mir, als ich den Strand entlanggehe und mir anschauen muss, was da so auf den Handtüchern rumliegt. Ich zeig euch mal, wie FKK geht und höre ein Raunen wie die Brandung hinter mir, als ich mich vor aller Augen, wie Gott mich schuf, in die Fluten stürze. Scheiße, ist das kalt – dagegen ist das Neujahrsbaden ja ein Suhlen im pisswarmen Planschbecken.

Noch am Strand ein Anruf meines besten Freundes, weil er weiß, dass Arbeit in seine Kanzlei kommt. Er fragt, wie's im Urlaub ist. Eigentlich ganz okay, sage ich. So fünfundsiebzig Prozent Reisepreisminderung sollten drin sein – hatten wir beim letzten Mal ja auch. Hat sich doch gelohnt, wieder nach Sylt zu fahren.

Meine Vermieterin erwartet mich im Kapitänshäuschen mit einer heißen Tasse Tee mit Rum – oder besser Rum mit Tee, so wie das bis in den Flur riecht – und hält mir ein ofenwarmes Stück Butterkuchen unter die Nase. Ihr strahlendes Lächeln zerbröselt, als ich ihr kurz und bündig meine vorzeitige Abreise mitteile. Wie soll man es hier auch länger aushalten. Wenn's am schönsten ist, soll man gehen.

Als sie mich immer noch verständnislos anschaut, stelle ich die Teetasse ab, zücke die Beschwerdeliste und ergänze noch den Punkt: starke Geruchsbelästigung durch Alkohol im gesamten Aufenthaltsbereich.

Sogar so stark, dass die Buchstaben vor meinen Augen zu tanzen beginnen. Genauer gesagt sehe ich nur noch verschwommen. Himmel, so schnell kann man doch nicht einen im Tee haben. Oder hatte ich was im Tee?

„Das ist aber wirklich schade, dass Sie schon abreisen wollen", höre ich die Stimme meiner Wirtin wie durch Watte. „Auf Sylt ist eben alles anders – daran muss man sich gewöhnen. Aber Sie haben schon recht, wenn's am schönsten ist, soll man gehen. Ach so, für die Unkosten ..." Ich spüre, wie sie mir mein Portemonnaie und den Autoschlüssel abnimmt. „Möchten Sie eine Seebestattung, so wie mein Mann? Oder soll's ein Erdgrab sein? Grabpflege ist aber nicht im Service inklusive und Blumen kosten auch extra."

Ich versuche etwas zu erwidern, aber mein Körper ist wie gelähmt, ich bekomme nicht mal mehr die Zähne auseinander.

„Gute Heimreise", höre ich sie noch sagen und dann sacken mir die Beine weg.

KEITUM

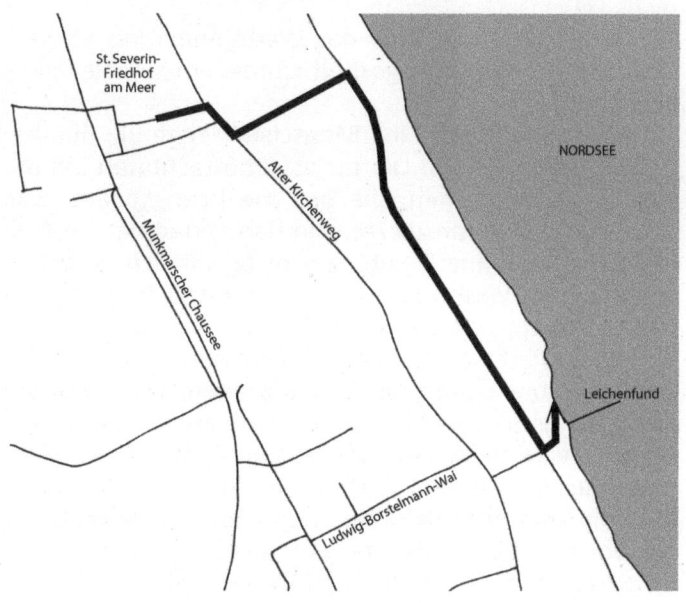

St. Severin-
Friedhof
am Meer

NORDSEE

Alter Kirchenweg

Munkmarscher Chaussee

Leichenfund

Ludwig-Borstelmann-Wal

Die Dachschindeln von St. Severin

Regine Kölpin

Der Wind fegte laut über das Wattenmeer, als Hinnerk Petersen vor Keitum angespült wurde. Er war vollständig bekleidet.

Rasch bildete sich eine Menschenmenge um ihn, betroffen wirkte keiner. Die meisten betrachteten ihn mit einer Unaufgeregtheit, die beinahe beängstigend war. Nur Sönke Sörensen zückte sein Handy und rief die Polizei. Er hatte Hinnerk Petersen nicht wirklich gemocht, wie alle hier. Vermutlich sind die meisten froh, dass es ihn nicht mehr gibt, dachte er.

Hinnerk Petersen stammte aus Westerland und das allein war Grund genug, ihm zu misstrauen. Sicher war das nicht bei jedem Westerländer notwendig, bei einem Mann wie Hinnerk Petersen schon. Obwohl alle Menschen aus Westerland mit Vorsicht zu genießen waren, immerhin hatten sie den Keitumern 1905 die Stadtrechte gestohlen. Naja, vielleicht nicht gestohlen, aber zumindest haben sie die erhalten, obwohl sie von Rechts wegen den Keitumern zugestanden hätten. Darin sind sich hier alle bis heute einig.

Nur die Bewohner Keitums propagierten das echte Friesentum, sie hatten die alten Häuser, sie hatten den Söl'ring Foriing, ihren Sylter Verein, und bewahrten wie kein anderer Ort die friesische Sprache und die Gebräuche. Da konnte doch ein solcher Schickimicki-Ort wie Westerland gar nicht mithalten. Aber seit die Keitumer in den Neunzigern beim Tourismus aufgeholt hatten, drängten sich immer mal wieder die Westerländer in den Ort und wollten etwas vom großen Kuchen abhaben.

Hinnerk Petersen war mit Abstand der Penetranteste von allen. Das lag in den Genen, schon sein Großvater war immer von Westerland nach Keitum gekommen, um auszuspionieren, was dort passierte. Am meisten hatten Sönke und Trine Hinnerk Petersen gehasst. Er war es gewesen, der ihnen die Existenz zerstörte. Schon lange hatten sie Sylt verlassen und in Hamburg ihr Glück versucht. Was allerdings auch gescheitert war. Die Hamburger standen eben nicht auf friesische Gemütlichkeit, sie waren zu urban, konnten mit den Sylter Traditionen nichts anfangen.

Solange Hinnerk sein Hotel in Westerland führte und nur zu Spionagezwecken zu ihnen kam, war auch alles noch auszuhalten. Seine Sprüche, wie man den Ort so richtig in Schwung bringen könne, überhörten die meisten geflissentlich und regten sich allenfalls bei den Heimatabenden darüber auf. Dann vergaß man es wieder, was sollte Hinnerk ihnen auch antun. Sie hatten die Zügel fest in der Hand.

Doch sie alle hatten Hinnerk schon damals unterschätzt, und zwar gewaltig. Er kaufte im Ort eines der alten Friesenhäuser mit Meerblick und putzte es heraus, dass es kaum zu ertragen war. Geld war für Hinnerk Petersen kein Thema, er spielte sich auf wie der oberste Lude auf dem Kiez: Was kostete die Welt.

Hinnerk legte einen neuen Friesenwall an, natürlich mit Steinen aus Dänemark, und bepflanzte sie mit der Kartoffelrose, damit es auch schön nach Sylter Tradition aussah. Dabei waren die echten Friesenwälle weder bepflanzt noch mit Meeressteinen aus Dänemark gebaut, sondern mühsam von den Feldern herangetragen worden. Aber das scherte einen Hinnerk Petersen nicht, weil es auch die Badegäste nicht scherte. Sie erwarteten ein

Bild von Sylt, welches er ihnen bot und das sie dankbar annahmen.

Trine und Sören ging von Beginn an die Düse, sie befürchteten das Schlimmste, weil der „Spökenkieker", wie Hinnerk das Restaurant treffenderweise nannte, direkt neben ihrer kleinen „Lütte Tee- und Kaffeestuv" lag. Sie verschwand im Schatten von Hinnerks Prachtbau, sodass sie keinem mehr auffiel, was sich auch recht schnell in rückläufigem Umsatz bemerkbar machte.

Trine und Sören versuchten, über Gutscheine und andere Aktionen Gäste zu gewinnen, aber gegen den „Spökenkieker" kamen sie einfach nicht an. Hinnerk Petersen beschäftigte erstklassige Köche, servierte Speisen, die sich von den einfachen Schollen nach Finkenwerder Art abhoben. Er kreierte fantasievolle Namen wie „Keitumer Seelachs-Papilotte" oder seine besondere Spezialität, die „St. Severiner Dachschindeln". Darüber musste er lange nachgedacht haben, denn in Keitum regierte das Reetdach und dazu hätte dieser dämliche Name nicht gepasst. Es musste also die alte Kirche herhalten.

Es war genau das, was die Urlauber sich wünschten. Die Illusion einer Esskultur, die mit der Illusion der perfekten Nordseeinsel mit ihrem besonderen Flair identisch war.

Die Wut der alteingesessenen Keitumer gegen Hinnerk Petersen richtete sich schließlich auch gegen die Badegäste und nicht selten machte das alte Sprichwort „dösig as 'n Badegast" wieder die Runde. Die Keitumer brauchten einfach ein Ventil für ihre Ohnmacht. Trotzdem hielt es nicht einen von ihnen ab, sich weiter des Nachmittags oder am Abend in den „Spökenkieker" zu setzen und dort zu schlemmen. Und nicht in die „Lütte Tee- und Kaffeestuv" zu gehen.

Weil das Restaurant so gut lief, machte Hinnerk Petersen Sören und Trine schließlich auch ihre letzte Bastion, das Frühstücksbüfett, kaputt. Er führte einen ausgiebigen Brunch ein, zu einem Preis, der den des kleinen gefälligen Frühstücks in der „Lütte Tee- und Kaffeestuv" weit unterbot, dafür aber eine Auswahl an Speisen beinhaltete, von denen Sören und Trine nur träumen konnten. Alles in allem war die Situation höchst unerfreulich.

Trine und Sören gaben auf, kapitulierten vor dem großen Mann aus Westerland.

Vor zwei Wochen waren sie mal wieder zu Besuch gekommen, hatten mit Tränen in den Augen gesehen, wie der große Hinnerk Petersen auch ihre „Lütte Tee- und Kaffeestuv" vereinnahmt hatte. Wie genau er es geschafft hatte, sie plötzlich auch neben dem „Spökenkieker" in rechtem Licht dastehen zu lassen, war Trine und Sören ein Rätsel. Sie konnten es nur mit seiner ausreichenden finanziellen Grundlage erklären, denn auch die „Lütte Tee- und Kaffeestuv" glänzte in frischen Farben.

„Und wir leben nun von Hartz 4", sagte Trine. Sie hatte dabei einen Kloß im Hals, das war nicht zu überhören. „Aus die Maus!"

Sören nickte. „Wie macht der Mann das? Bei uns sind alle Gäste weggeblieben, das kann nicht nur an der alten Fassade gelegen haben, die war doch nicht um so vieles schlechter."

„Er wird dafür Sorge getragen haben, dass keiner mehr zu uns kam, da sei sicher", sagte Trine düster.

Sören betrachtete die Speisekarte des „Spökenkiekers". „Der macht immer noch Reibach mit seinen ‚St. Severiner Dachschindeln'. Weißt du eigentlich, was das genau ist?"

Trine schüttelte den Kopf. „Irgendwas mit altem Weißbrot."

Sören verzog den Mund. „Und deshalb bleiben bei uns die Gäste weg? Ich glaube es einfach nicht."

Sie nickten sich kurz zu und beschlossen, dem „Spökenkieker" einen Besuch abzustatten.

„Aber ganz stilvoll werden wir zuerst in die Kirche gehen und beten. Vielleicht hilft der liebe Gott uns ja doch noch. Ich möchte so gern wieder in Keitum leben."

In Trines Stimme klang so viel Wehmut mit, dass es Sören schmerzte. Um seine Frau wieder lachen zu sehen, würde er alles tun. Hinnerk Petersen hatte ihnen nicht nur die „Lütte Tee- und Kaffeestuv", sondern auch ihr Lachen geraubt.

„Meinst du wirklich, wir sollten uns den ‚Spökenkieker' mitsamt Hinnerk Petersen antun?"

Trine nickte. „Wenn ich eines noch wissen muss, ist es, was genau seine Aura ausmacht."

„Geld und eine gute Westerländer Geschäftsnase", sagte Sören und gab sich geschlagen. Er zückte das Handy und bestellte für zwanzig Uhr einen Tisch im „Spökenkieker", aber bitte mit Blick auf das Wattenmeer.

Dann machte er sich mit Trine auf den Weg zu St. Severin, der bedeutendsten Kirche auf Sylt. Sie lag etwas abseits im Norden des Ortes. Zunächst mussten sie am Keitumer Kliff entlang, der bewachsenen Steilküste. Der Wind kam aus Nordost und war recht kühl, doch sie genossen die gute Inselluft.

In der Kirche gingen sie zunächst zu dem fünfflügeligen Altar.

„Ich finde so etwas immens beeindruckend, selbst wenn ich schon häufig hier gestanden habe", flüsterte Trine, faltete die Hände und fixierte die zwölf Apostel und den Jesus mit seinem Lendenschurz in der Mitte. „Hilf uns doch, Herrgott noch mal!", stieß sie aus und es klang wahrlich nicht so, wie ein Gebet klingen sollte, sondern erinnerte eher an einen Befehl.

Sören legte seine Hand beruhigend auf ihren Unterarm. Es war sicher besser, die Heiligen und Gott nicht zu erzürnen, immerhin wollten sie noch etwas von ihnen. Das Sonnenlicht fiel von rechts durch die großen Fenster und brach sich in der gegenüberliegenden Empore.

„Meinst du, es ist schlimm, dass ich in einer Kirche Mordgedanken habe?", fragte Trine. Ihre Hände waren noch immer zum Gebet gefaltet.

Sören zuckte zurück. „Ich dachte, du willst hier um Hilfe bitten."

Trine nickte. „Und genau in dem Augenblick ist es passiert. Ich hatte eine Eingebung."

„Eine Eingebung", wiederholte Sören.

„Eine richtig gute Eingebung, sage ich dir!"

„Dass du noch kämpfen willst ... Ich verstehe es nicht!" Sören seufzte.

„Hinnerk Petersen ist der eitelste Mensch auf der Welt. Zumindest, was seine Küche angeht. Lass mich nachher nur machen." Trine schien mit ihrer Eingebung höchst zufrieden zu sein. Sie nickte den Aposteln zu, verneigte sich sogar leicht. Danach machten sie sich auf den Weg zurück.

„Ich muss noch über den Friedhof", sagte Trine plötzlich und kehrte um. „Ich habe da etwas gesehen, was meine Eingebung unterstützt. Geh du ruhig schon vor!" Sören zierte sich erst, brachte Trine dann noch zurück bis zum Eingang. „Hauptsache, der findet später in Westerland seine Ruhe und nicht hier bei uns neben Peter Suhrkamp und Ferdinand Avenarius. – Und nun geh!"

Da Sören wusste, dass er gegen den Willen seiner Frau machtlos war, ging er schließlich seiner Wege.

Hinnerk Petersen erkannte die beiden sofort, als sie den „Spökenkieker" betraten, und steuerte mit einem breiten Grinsen auf ihren Tisch zu. „Ach, die Gestrandeten sind wieder da", sagte er. Es war also schon zu ihm durchgedrungen, wie stark die Sörensens auch in Hamburg Schiffbruch erlitten hatten.

Trine trat ihrem Mann unter dem Tisch auf den Fuß, zog die Brauen hoch und deutete ihm an zu schweigen. Er wusste noch immer nicht, was sie vorhatte, und schon gar nicht, was für eine Eingebung ihr die Apostel verschafft hatten.

„Sie servieren St. Severiner Dachschindeln?", fragte Trine mit zuckersüßer Stimme. Sie hatte ein sehr einnehmendes Wesen, wenn sie wollte. Und heute wollte sie, das war nicht zu übersehen. Sie flirtete Hinnerk Petersen an, dass es Sören direkt einen Stich versetzte. „Ja, die habe ich. Eine tolle Vorspeise. Das ist ein gebratenes Garnelensandwich mit Basilikum, alles Weitere ist geheim. Aber es ähnelt den Schindeln unserer geliebten Kirche. Dazu empfehle ich als Hauptgang die Keitumer Seezungenlasagne mit einem Pinot Grigio. Als Dessert ein Sorbet aus Himbeeren in einem Spiegel Amarettosoße."

„Klingt fantastisch", hauchte Trine. Sie schlug gekonnt ihre Lider nieder und lächelte.

Hinnerk Petersen merkte nichts von dem Hass, der in ihr brodelte. „Können Sie uns nachher noch Ihre Küche zeigen?", fragte sie und Hinnerk Petersen wollte nichts lieber als das. Sören sah an seinem Blick, wie gern er mit Trine allein sein würde. Doch so leicht wollte er sich nicht abschütteln lassen: Trine war immerhin seine Frau. Es reichte schon, dass er ihr Restaurant gekapert hatte, da musste er sich nicht auch noch auf sie stürzen. Trine tat jedoch so, als merke sie nichts und hauchte ihm sogar verstohlen einen Kuss zu.

Als Hinnerk Petersen mit der Bestellung abgerauscht war, lehnte sie sich zufrieden zurück. „Du wirst nach dem Essen verschwinden", sagte sie.

Sören starrte sie entgeistert an. „Du glaubst doch nicht, dass ich dich mit diesem Kerl allein lasse!", keifte er. „Der will dir an die Wäsche."

„Diese Illusion soll er haben", sagte sie. „Mein Plan geht aber nur auf, wenn du mich mit ihm allein lässt." Also, wenn man als Keitumer Hinnerk Petersen aus Westerland zum Gegner hatte, musste man sich warm anziehen. Der Mann kannte keine Skrupel und er würde seine Finger genauso wenig von Trine lassen wie von der „Lütte Tee- und Kaffeestuv". Sören überlegte eine Zeit, wollte seiner Frau aber vertrauen und ließ sich auf den Deal ein ...

Am nächsten Morgen war dann Hinnerk Petersens Leiche im Watt angespült worden. Sören hatte gezögert, als Erster nach dem Handy zu greifen, aber so war es unverdächtiger. Es würde trotzdem herauskommen, dass Hinnerk Petersen seinen letzten Abend mit Sörens Frau Trine verbracht hatte, und Sören fand diese Vorstellung unerträglich. Trine hingegen strahlte, schien keineswegs beunruhigt zu sein. Immer wieder deutete sie nach oben und murmelte so etwas wie Gott habe sie erhört und ihr könne nichts geschehen. Sören konnte ihre Sorglosigkeit nicht teilen, wollte ihr aber vor den vielen Menschen nicht widersprechen. Auch wenn die meisten Hinnerk Petersen nicht aufs Fell schauen konnten, so war Mord doch eine ganz andere Sache.

Als die Polizei kam, verscheuchte sie die Menge. Sören gab noch an, dass er angerufen habe.

„Was hast du mit Hinnerk getan?", fragte er, nachdem sie endlich außer Hörweite waren.

Trine grinste verschmitzt. „Wir hatten einen schönen Abend in seiner Superküche. Er hat sogar einen Induktionsherd!"

Sören sah Trine fragend an. „Und was ist daran jetzt so wichtig?"

„Naja, er hat mir alles gezeigt, sehr ausgiebig. Dazu gab es einen schönen Wein und Grappa vom Fass." Sören zog die Stirn in Falten. Eigentlich wollte er nichts weiter hören. Sicher hatte der Schmierlapp von Petersen seine fetten Grapscher über Trines feine Haut gleiten lassen und seine fleischigen Lippen hatten sich über ihre gestülpt. Immer wieder sah Sören zu seiner Frau und versuchte, dieses Bild aus dem Kopf zu bekommen.

„Mach dir keine Gedanken, mein Lieber. Er hat mich nicht angefasst, dazu ist es nicht mehr gekommen."

„Nun spucke es schon aus, Trine Sörensen!" Sören ertrug diese Spannung nicht mehr.

„Vorweg: Deine Frau ist keine Mörderin. Alles ist den Weg des Herrn gegangen. Wie mit den Aposteln abgesprochen." Trine lächelte versonnen.

„Und?"

„Ich habe ihm gesagt, ich könne ein super Bärlauchpesto machen. So eines hätte er noch nie gegessen. Bärlauch mit Chilinote." Trine kicherte. „Mit Chocolate Habaneros ist man immer auf der richtigen Seite, da hat man so viel Schärfe, dass man nichts anderes mehr schmeckt. Als guter Koch hat er so etwas ja in der Küche, darauf hatte ich gehofft."

„Man schmeckt damit nichts anderes!", wiederholte Sören.

„Zum Beispiel keine Herbstzeitlose."

Sören wurde blass. „Du hast ihm Herbstzeitlose unter das Chili gemischt?"

Trine kicherte immer noch. „Sieht doch aus wie Bärlauch ... und keine riesige Menge. Ich wollte ihn aber nicht umbringen!" Trine schien ernsthaft entrüstet. „Ihm sollte nur hübsch schlecht werden."

Sören nickte. Trine war keine Mörderin, das hatte sie gesagt.

„Es gab Bärlauchpesto à la Trine. Ich habe ihm gesagt: Ich schenke es dir, das wird der Kassenschlager. Und weil ich ihn dafür", sie schlug die Augen nieder, „Gott möge mir verzeihen, ganz kurz unsittlich berührt habe, war er willig wie ein junger Hund, der auf den Knochen wartet."

Sören musste schlucken, als er sich das Bild vorstellte. Doch wenn es Mittel zum Zweck gewesen war ...

Trine zögerte, bevor sie weitersprach. „Er war ziemlich gut drauf nach all dem Grappa und seinen unsittlichen Hoffnungen. Ein paar Gabeln haben genügt."

Sören sog die Luft ein. „Woher kanntest du die genaue Menge? Um ihn nicht zu töten, meine ich."

„Ich kannte sie nicht", gab Trine unumwunden zu. „Habe mal gelesen, wie viel Gramm man braucht, um jemanden umzubringen, aber so viel war das nicht. Ich wusste ja nicht einmal, ob es überhaupt funktioniert. Aber wenn ich doch die Apostel im Rücken hatte, konnte ja nichts schiefgehen. In jedem Fall war er danach fromm wie ein Lamm!" Trine sah versonnen aufs Meer. Sie ahnte vermutlich, was Sören jetzt von ihr wissen wollte, denn auch wenn sie behauptete, sie sei keine Mörderin, so war Hinnerk Petersen aber doch tot.

„Ich musste mehr als zwei Stunden warten, bis es gewirkt hat", seufzte Trine. „In der Zeit habe ich mir seinen Induktionsherd und all das erklären lassen. Ihm war dann dermaßen komisch, dass ich ihm vorgeschlagen habe, zum Meer zu gehen und Luft zu schnappen."

„Allein?"

Trine nickte. „Ich musste doch die Küche noch aufräumen. Und das Pesto entsorgen. Watt an den nackten Füßen ist das beste Mittel gegen Übelkeit, Magenkrämpfe und Kreislaufprobleme, habe ich zu ihm gesagt. Außerdem konnte er nicht so gut schlucken, es brannte in seinem Mund. Das kommt vom Grappa, habe ich auch noch zu ihm gesagt."

„Er hat es dir geglaubt und auf dich gehört."

„Ich habe mir solche Sorgen gemacht, als er nicht zurückgekommen ist, aber ich war doch müde und bin schließlich zu dir gegangen."

Sören nahm Trine in den Arm. Sie war tatsächlich keine Mörderin, was konnte sie dafür, wenn Hinnerk Petersen nachts ins Watt lief.

„Das ewige Kommen und Gehen des Meeres", sagte Trine. „Es hat schon so viele Menschen auf tragische Weise das Leben gekostet. Wäre er dort nicht hingefallen, würde er sicher noch leben." Sie löste sich aus Sörens Arm. „Es war beschlossene Sache, von oben." Trine deutete mit dem Finger zum Himmel. „Meinst du, der liebe Gott findet es gut, wenn jemand die Schindeln seines Hauses verhökert? Und dann auf Kosten eines frommen Keitumer Ehepaares? Nie und nimmer!"

Archsum

Zwischen Salzwiesen und Meer befindet sich der Ort, der rund sechs Kilometer südöstlich von Westerland entfernt liegt. Die ländliche Idylle wird hier besonders deutlich, denn so weit das Auge reicht, sind Wiesen und Felder zu sehen, auf denen sich zahlreiche Lämmer an dem saftigen Grün sattfressen können.

Noch heute zeugen einige Häuser davon, wie sich die Menschen vor dem Bau des Nössedeiches 1938 vor den Wasserfluten mehr oder weniger erfolgreich geschützt haben: Sie warfen Erdhügel auf, die man auch Warften nennt, um ihre Häuser vor den Fluten zu schützen.

Auf den Salzwiesen, dem Übergang zwischen Meer und festem Boden, sind eine Vielfalt von seltenen Salzwasserpflanzen und eine unvergleichbare Vogelwelt der Nordsee zu finden. Gleich hinter dem grünen Deich erstreckt sich das Weltnaturerbe Wattenmeer.

Eine archäologische Sehenswürdigkeit ist das rund 5000 Jahre alte Ganggrab „Merelmerskhoog", das bei „Mootjis Küül" am Nössedeich zu finden ist.

ARCHSUM

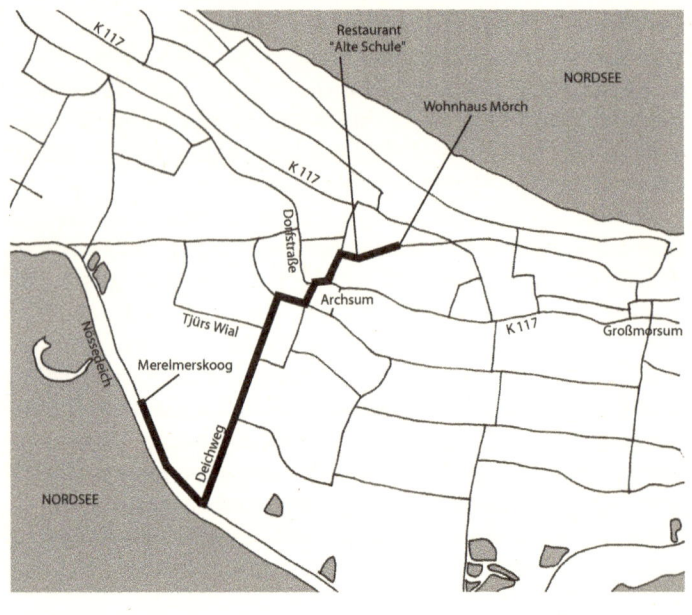

Nie wieder Archsum?

Ellen Balsewitsch-Oldach

Dr. phil. Michael Maybach
Elbchaussee 123
22765 Hamburg

den 25. Juni ...

Sehr geehrte Inserentin,
der Text Ihrer Anzeige hat mich tief bewegt. Es scheint
mir, dass wir uns viel zu sagen und zu geben haben ...
Ich bin einen Meter neunzig groß, schlank und führe ein
mittelständisches Verlagsunternehmen ...
Ich würde mich freuen, wenn Sie Zeit und Lust hätten,
sich mit mir am kommenden Mittwoch um 16.00 Uhr im
Café Funkeck an der Rothenbaumchaussee zu treffen ...
Herzlichst
Ihr
Michael Maybach

Das war erst vor einer Woche gewesen und nun saß
Laura auf dem Beifahrersitz von Michaels Porsche, der
von einem ratternden Autoreisezug über den Hindenburgdamm nach Sylt transportiert wurde. Es herrschte
gerade noch Flut, so dass der Eindruck entstand, die
Welt bestünde nur aus dem Damm, dem in der Sonne
glitzernden Meer, dem Zug und ihrem Wagen. Michael
hatte die Seitenscheibe ein wenig heruntergelassen, so
dass eine leichte Brise den Duft nach Salzwasser und
Tang ins Wageninnere trieb und der eine oder andere
Möwenschrei zu hören war.

Laura konnte es immer noch nicht fassen, aber anscheinend hatte sie ihren Traummann gefunden. Verstohlen musterte sie Michael von der Seite. Seine intellektuelle Ausstrahlung, die sie sofort fasziniert hatte, wurde von den etwas zu langen, grau gelockten Haaren und der Schildpattbrille im Stil der 1920er Jahre noch unterstrichen. Wenn auch der Begriff „schlank" etwas großzügig interpretiert werden musste, hatte er doch bei der Größe fast eher untertrieben – insgesamt war Michael eine wirklich beeindruckende Erscheinung, außerdem besaß er Einfühlungsvermögen und brillante Umgangsformen, die er so selbstverständlich beherrschte, dass selbst der Handkuss, den Laura bei ihrem ersten Treffen erhalten hatte, kein bisschen übertrieben wirkte.

Sie hatten sich auf Anhieb verstanden und so hatte Laura auch nur einen winzigen Moment gezögert, Michaels Einladung zu einem Wochenende in seinem Haus auf Sylt anzunehmen. Michael schien sofort erraten zu haben, dass ihr Zögern nichts mit Misstrauen ihm gegenüber zu tun hatte. Mit verständnisvollem Lächeln fragte er, kurz bevor beide zum vertraulicheren „Du" übergingen: „Sie denken jetzt sicher an das mondäne Westerland, das versnobte Kampen oder das Vorzeigedorf Keitum an der Ostküste? Ich hoffe sehr, dass ich Ihre Erwartungen nicht enttäusche. Mein Haus liegt in Archsum." Er machte bewusst eine Pause.

„Archsum?", fragte Laura zurück und kramte etwas ratlos in ihren Erinnerungen an den letzten Sylt-Aufenthalt von vor Jahren.

„Das kleinste Dorf auf Sylt", fuhr Michael fort, „zwischen Keitum und Morsum. Ohne Touristen etwa dreihundert bis vierhundert Einwohner und mindestens genauso viele Schafe. Ein Hotel, mehrere Privatpensionen und alles relativ ursprünglich, fast ländliche Strukturen – einschließlich des jährlichen Dorffestes, das tatsächlich noch von der dortigen Freiwilligen Feuerwehr veranstaltet wird, mit Kinderkarussell statt Edeldisco und mit Bratwurst und Bier statt Scampi und Champagner. Archsum wird noch als echter Geheimtipp gehandelt."

Erleichtert hatte Laura genickt. Die Atmosphäre der „Hautevolee" war nichts für sie.

Der Zug hatte inzwischen Westerland erreicht. Die Autos wurden mit dem üblichen Poltern und Krachen entladen und der Porsche legte die wenigen Kilometer nach Archsum quer über die Insel in kürzester Zeit zurück.

Laura war bezaubert von dem kleinen Ort und seinen alten Höfen mit den reetgedeckten Bauernhäusern, zum Schutz vor Hochwasser auf erhöhten Warften gebaut. „Heeleker", las Laura auf einem Straßenschild, das sie passierten.

„Was für putzige Straßennamen", meinte sie.

„Friesisch", antwortete Michael abwesend, während er in die Auffahrt zu seinem Grundstück einbog.

Laura war sprachlos. Vor ihr lag ein traditionelles Friesenhaus aus rotem Backstein unter einem mächtigen, gepflegten Reetdach. Davor ein bunter Bauerngarten mit üppigen Stauden, begrenzt von einer breiten Natursteinmauer, auf deren Krone weiße und rosafarbene Heckenrosen blühten.

„Wunderschön!", rief Laura begeistert und schälte sich aus dem niedrigen Sitz des Sportwagens, ein wenig verwundert, dass Michael ihr nicht aus dem Auto geholfen hatte, wie sie es von ihm bis jetzt gewohnt gewesen war. Er stand schon mit den beiden Reisetaschen vor der Haustür. Sie trödelte den Gehweg entlang hinterher und bewunderte die Farbenpracht der Blumen.

„Verdammter Mist!", hörte sie Michael fluchen, als sie hinter ihm stand. Aus seinem Schlüsselbund nestelte er einen der Schlüssel heraus, der aber nicht ins Schloss der Haustür passen wollte.

Michael blickte sich kurz zu Laura um. „Was guckst du so?", fuhr er sie an. Sein zorniger Gesichtsausdruck erschreckte sie. Der nächste Schlüssel aber passte und Michael ließ Laura – nun wieder ganz Kavalier – den Vortritt ins Haus.

Eine Viertelstunde später hatte Laura ihr Gästezimmer bezogen – im Stillen fragte sie sich, ob Michael tatsächlich wollte, dass sie es benutzte –, sich frisch gemacht und war wie verabredet ins Wohnzimmer gekommen. Michael stand vor dem Couchtisch und füllte zwei Kristallkelche.

Er lächelte und reichte ihr einen davon. „Ich finde, den Beginn unseres ersten gemeinsamen Wochenendes sollten wir feiern. Ich hoffe, deutscher Sekt ist dir nicht zu banal, denn Champagner habe ich leider nicht gef... war leider nicht im Kühlschrank – zum Wohle!" Sie tranken.

„Ich möchte mich in aller Form bei dir entschuldigen", setzte Michael an, „dass ich dich vorhin so angefahren habe. Ich werde leicht ungeduldig, wenn mir etwas Selbstverständliches, wie meine eigene Haustür aufzuschließen, nicht sofort gelingt! Bitte verzeih!"

„Schon vergessen", meinte Laura nicht ganz aufrichtig. „Was tun wir jetzt?", fragte sie schnell, um eine aufsteigende Verlegenheit zu überbrücken. Sie fragte sich, wann es wohl – endlich – zu ihrem ersten Kuss kommen würde.

„Wie wär's mit einem Spaziergang durch das Dorf und anschließend ein paar typischen Spezialitäten aus der

Gegend?", schlug Michael vor.

Laura stimmte zu. Das würde im Augenblick wohl das Beste sein. Sie wanderten bis zum Archsumer Wattenmeer. Sonne, Wind und der weite Blick über das inzwischen sichtbar ablaufende Wasser ließen Laura ihre leichte Verstimmung vergessen. Michael schien ihr allerdings immer noch irgendwie unruhig. Fast fahrig wies er jetzt auf die Landflächen direkt am Meer.

„Das sind die Salzwiesen, die den Übergang zwischen Meer und festem Land bilden. In diesen ruhigen Flachwasserzonen lagert das auflaufende Meer Nährstoffe ab, der Schlickboden hebt sich mit der Zeit und wird durch salzwasserverträgliche Pflanzen besiedelt. So entsteht eine Salzwiese – ein Vorgang, der Jahrzehnte dauert. Zahlreiche Arten von Kleinstlebewesen sind in den Salzwiesen heimisch, aber auch zahlreiche Vogelarten schätzen dieses Areal als idealen Brutplatz. Man kann rund um Archsum ebenso die seltenen Uferschwalben und Brandgänse beobachten, so zum Beispiel Fischreiher und sogar Kormorane auf der Durchreise."

Irritiert sah Laura ihn an. Sicher ganz interessant, was Michael da erzählte, aber warum klang es wie aus einem Reiseführer auswendig gelernt? Und: Immerhin waren sie nicht auf einem Schulausflug, sondern auf einer Wochenendreise, die irgendwann doch wohl einmal das Prädikat „romantisch" verdient haben sollte.

Aber Michael war schon weitergegangen. Laura eilte ihm nach. Ein Stück liefen sie noch am Wasser entlang, dann über „Gurtmuasem", „Norderende", „Klampshörn" und die Dorfstraße zurück ins Zentrum des Ortes.

„Ich dachte, wir essen im Restaurant ‚Alte Schule'", schlug Michael vor.

„Ja, wenn du meinst", antwortete Laura etwas enttäuscht. „Ich hatte dich vorhin nur so verstanden, dass wir ein paar hiesige Spezialitäten einkaufen und uns zu Hause etwas Nettes kochen." Was auch eine gute Gelegenheit gewesen wäre, uns näherzukommen, setzte sie in Gedanken hinzu.

Mit schlecht verhohlener Ungeduld antwortete Michael: „Wir wollen doch unsere kostbare gemeinsame Zeit nicht mit Hausarbeit vergeuden, oder?" So ritterlich der Satz auch geklungen hatte, es schwang ein Unterton mit, der keinen Widerspruch duldete.

„Nein, nein – du hast völlig recht", lenkte Laura ein. Um die entstandene Disharmonie zu überspielen, wies sie auf ein paar große Steine vor dem Lokal: „Du weißt doch über den Ort hier so gut Bescheid – haben diese Steine da eigentlich eine Bedeutung?"

„Die Steine?" Anscheinend war Michael mit den Gedanken schon wieder woanders. „Ach so, die hier. Das ist die so genannte Archsumburg – seit den 1930er Jahren graben Archäologen in Archsum Zeugnisse menschlicher Ansiedlungen aus. Diese Siedlungsreste hier sollen vorchristlich sein und schon aus der Jungsteinzeit stammen. Ihre Analyse ergab, dass vor etwa zweitausend Jahren die Bewohner hier einen Ringwall aufgeschüttet hatten, der etwa acht Meter hoch und siebzig Meter breit war. Innerhalb des Walles standen ihre Hütten, man fand Herdstellen und Trinkgefäße. Außerdem entdeckten die Forscher fünfundsechzig Findlinge, die eine Art Türrahmen in dem Wall bildeten. Die Findlinge stehen heute zum Gedenken an die Sylter ‚Ureinwohner' vor der Kurverwaltung."

Wieder dieser schulmeisternde Tonfall, der Laura allmählich auf die Nerven ging. Aber Michael hielt ihr inzwischen schon die Tür zum Restaurant auf. Und das Essen in der „Alten Schule" – „Pannfisch" auf Bratkartoffeln mit einer milden Senfsauce, dazu ein frisch gezapftes Bier – entpuppte sich als Retter ihrer Stimmung.

Vor ihrer Rückkehr zum Haus überredete Michael Laura, den Deichweg entlang über einen Bach hinweg bis zur Mootjis Küül am Nössedeich zu wandern, weil er ihr unbedingt noch etwas zeigen wollte. Er wies auf eine Anordnung von Felsen. „Das ist Merelmerskhoog, ein fünftausend Jahre altes Ganggrab", erläuterte er und zum ersten Mal klang seine Erklärung wirklich interessiert.

„Sieht eher aus wie ein großer Haufen Findlinge", kommentierte Laura zweifelnd.

Geistesabwesend blickte Michael über das Meer, das angefangen hatte, den Wattboden nun deutlich freizugeben. „Nein, nein – das ist wirklich eine uralte Grabstelle, das ist eindeutig erwiesen", antwortete er fast verträumt, „bei Niedrigwasser, also ziemlich bald, kann man da draußen im Watt noch weitere Gräber sehen. Die haben sich vor langer Zeit und etlichen Sturmfluten alle einmal auf dem Land befunden."

Abrupt wandte sich Michael wieder Laura zu. „Lass uns schnell nach Hause gehen!", rief er, fasste Lauras Hand und zog sie mit sich.

Ihren ersten Kuss hatte Laura sich irgendwie anders vorgestellt. Kaum waren sie wieder im Haus, da hatte Michael sie – noch im Flur – so heftig umarmt, dass es fast schmerzte, und ihr seine Zunge fast bis in den Hals gestoßen. Dann hatte er sie ins Wohnzimmer und aufs Sofa komplimentiert. Jetzt war er in die Küche geeilt und brachte zwei Gläser Sekt mit zurück.

„Auf uns, auf ex!", prostete er Laura zu und stürzte den Inhalt seines Glases in einem Zug hinunter.

Sie versuchte nicht einmal, es ihm gleichzutun und

nippte nur an ihrem Getränk. Sie fühlte sich in Michaels Gegenwart inzwischen alles andere als wohl. Seit sie wieder im Haus waren, hatte er – abgesehen von dem wenig romantischen „Überfall" auf sie – eine Art fiebriger Geschäftigkeit an den Tag gelegt.

„Nun trink doch!", nötigte er sie.

„Nein", erwiderte sie, „ich kann nicht so schnell …"

Aber da war Michael plötzlich über ihr. Doch statt eines erneuten Kusses oder weitergehender körperlicher Annäherung spürte sie, wie sich seine Hände um ihren Hals legten und ihr langsam, aber sicher die Luft abdrückten.

„So", flüsterte er heiser, „du willst nicht trinken? Auch gut – oder vielleicht sogar noch besser. Dann wirst du jetzt bei vollem Bewusstsein erleben, was Schlampen wie du verdient haben."

Sie versuchte sich zu wehren, aber der Sauerstoffmangel hatte ihr bereits den größten Teil ihrer Kraft genommen.

„Anzeigen aufgeben, sich reiche Kerle angeln … sie verführen und ausnehmen … und dann … es gibt viel zu viele von euch, aber du wirst keinen Mann mehr demütigen …"

Mit jedem Wort schwanden ihre Sinne mehr. Selbst für ihre Todesangst blieb ihr kaum noch Energie. Wie durch Watte hörte sie: „… in einem der alten Gräber hinter Mootjis Küül … passender Platz … liegen jetzt frei … bei Flut unter Wasser … genug Steine, dass du auch unter dem Sand bleibst …" Dann wollte es ihr schwarz vor Augen werden.

Plötzlich ein vernehmliches Rumsen. Die Haustür? Eine Männerstimme brüllte: „Michael?!"

Die würgenden Hände an Lauras Hals ließen los. Langsam strömte wieder Luft in ihre Lungen. Der Nebel vor ihren Augen lichtete sich und ihre Sehkraft kehrte zurück. Der zweite Mann war ins Wohnzimmer gestürmt.

„Michael!", schrie er noch einmal aus Leibeskräften. Michael hatte sich in eine Zimmerecke geflüchtet. Als der andere Mann jetzt auf ihn zu hastete, schlug Michael die Hände vors Gesicht und kauerte sich auf den Boden. Unverständliches Gewimmer drang durch seine Finger. Von dem stattlichen Akademiker und Unternehmer war nur noch das sprichwörtliche Häufchen Elend übrig geblieben. Der andere Mann zog sein Handy hervor. Kurze Zeit später trafen Polizisten von der Insel ein.

Eine Woche danach war Laura wieder in einem Café verabredet – sie hatte sich nur ausgebeten, dass es nicht ausgerechnet das Café Funkeck war. Der Mann, der sie in Archsum gerettet hatte, wartete bereits an einem der Tische auf sie. Die Ähnlichkeit mit Michael war unverkennbar, allerdings war Diethelm Maybach eher als dürr zu bezeichnen und trug die weißen Haare kurz geschoren. Er erhob sich höflich, bis Laura Platz genommen hatte.

„Tja", sagte Laura, „dann zuallererst einmal herzlichen Dank – Sie haben mir das Leben gerettet. Wären Sie nur eine halbe Minute später gekommen ..."

„Ja, ich bin sehr froh, dass ich an dem Tag spontan beschlossen hatte, das Wochenende in meinem Haus zu verbringen. Ich war völlig ahnungslos, dass Michael von dem Haus überhaupt wusste. Die Schlüssel muss er wohl in unserem gemeinsamen Büro gefunden und sich Zweitschlüssel besorgt haben. Laura, es gibt keine Entschuldigung für das, was Sie durchmachen mussten. Ich hatte schon länger eine Ahnung, dass mein Bruder irgendwie aus der Spur geraten war, allerdings wusste ich weder, in welcher Form, noch wie sehr. Es tut mir unendlich leid.

Ich wollte Sie gern persönlich treffen, um Ihnen zu berichten, was die polizeiliche Untersuchung ergeben hat, bevor Sie es nur anonym aus der Presse erfahren."

Laura winkte ab. „Das ist sehr freundlich von Ihnen, aber ..."

„Doch, doch, wenigstens das bin ich Ihnen schuldig. Mit Michaels Festnahme hat sich ein lange ungeklärter Kriminalfall lösen lassen. In den letzten Jahren sind auf Sylt schon zwei alleinreisende oder -stehende Frauen verschwunden. Spurlos. Michael hat gestanden, dass er diese Frauen angesprochen, sie in mein Haus eingeladen, dort betäubt und erwürgt hat. Die Leichen hat die Polizei in den alten Grabkammern hinter dem Merelmerskhoog in Mootjis Küül entdeckt."

Diethelm Maybach nahm einen Schluck von seinem Espresso. „Bei Ihnen hat er das erste Mal eine Spur nach der anderen hinterlassen – zum Beispiel hat er auf eine Anzeige geantwortet und sich mit Ihnen beim Essen im Restaurant in der Öffentlichkeit gezeigt –, fast so, als wollte er jetzt gefasst werden. Es ist alles so unsagbar schrecklich", seufzte er.

Laura entdeckte zu ihrer Überraschung, dass Michaels älterer Bruder ihr leidtat.

„Ich hoffe, Sie können das Erlebnis verarbeiten", fuhr er fort, „aber Sylt und besonders Archsum sind Ihnen bestimmt für den Rest Ihres Lebens verleidet!"

Laura dachte an das freundliche kleine Dorf, das stilvolle Haus und daran, dass sie immer noch auf der Suche nach ihrem Traummann war. Nachdenklich musterte sie Diethelm Maybach und sagte dann langsam: „Das, denke ich, käme auf einen Versuch an."

Morsum

Gebettet in die wunderschöne Heidelandschaft liegt der Ort im Osten der Insel. Tradition wird in Morsum groß geschrieben. Dafür sorgen unter anderem die „Morsumer Kulturfreunde", die an einer Dorfchronik arbeiten und auch unterschiedliche Veranstaltungen organisieren. Getreu der Tradition wundert es nicht, dass hier Landwirte mit glücklichen Hühnern und echten Morsumer Kartoffeln zu finden sind.

Der Ort hat einen 18-Loch-Golfplatz aufzuweisen, der sich zwischen dem Westende des Hindenburgdamms, dem „Morsum Kliff" und dem Deich einen herrlichen Platz ausgesucht hat. Einen Besuch wert sind ebenso die Sylter Seifenmanufaktur, die uralte Kirche St. Martin und zur Abkühlung die Badestelle am Wattenmeer.

Das „Morsum Kliff" bei Nösse am Watt, das in seinem geologischen Aufbau einmalig in Europa ist, stellt eine archäologische Sensation dar. Wer die Einzigartigkeit des Kliffs näher kennenlernen möchte, kann bei einer naturkundlich-geologischen Führung mehr erfahren.

MORSUM

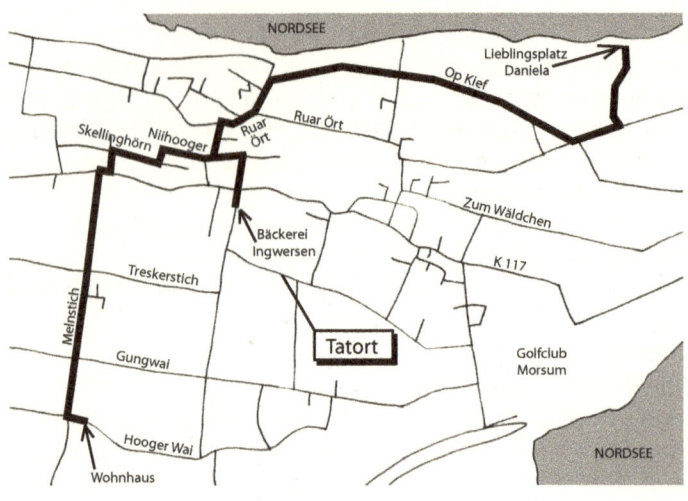

Die Auswanderin

Karen Erbs

Obwohl die Wohnküche des alten Friesenhauses mit ihren blauweißen antiken Wandkacheln, den dunklen Deckenbalken und den rustikalen Holzmöbeln wie eine behagliche Puppenstube eingerichtet war, herrschte eine frostige Atmosphäre.

Stumm und ratlos saß Daniela Hinnerks Mutter gegenüber. Wunderte sich, dass die Geranien vor den Sprossenfenstern fröhlich leuchteten, statt an der Hartherzigkeit ihrer Besitzerin zu erfrieren – doch die waren ja auch nicht das Ziel ihres stummen Hasses.

Stine Rasmussen hatte die Freundin ihres Sohnes seit dessen Abfahrt nach Westerland, wo er alte Schulfreunde treffen wollte, keines Blickes gewürdigt. Aufrecht sitzend, mit stolz zurückgezogenen Schultern und gesenktem Blick konzentrierte sich die alte Friesin auf das Auskratzen der Hagebutten, während hinter ihr der Zeiger einer glatt polierten Wanduhr aus Mahagoni beharrlich die Sekunden des Tages runterzählte. Das Geräusch erschien Daniela genauso unerbittlich wie das Schaben des kleinen Obstmessers, das jedes winzige Kernchen aus den prallroten Früchten der Rosa Rugosa, auch Sylt-Rose oder Kartoffel-Rose genannt, entfernte.

Daniela musste unbedingt raus aus dieser eisigen Sprachlosigkeit und der geballten Wucht ungerechtfertigter Vorwürfe. Am liebsten hätte sie der Hausherrin entgegengeschrien: Ich habe keine Schuld! Ich will dir deinen Sohn nicht wegnehmen. Er ist es doch, der unbedingt nach Australien zu seinem Kumpel will, um in dessen Tischlerei zu arbeiten! Aber sie hatte Hinnerk versprochen, ihm sein schlechtes Gewissen zu erleichtern und sich als treibende Kraft für die Auswanderung zu opfern.

Daniela hatte sich gleich bei der Anfahrt über den Hindenburgdamm in Friesland verliebt, als die untergehende Sonne niedrig hängende Wolken und die flache Insel in ein warmes, orange flirrendes Licht tauchte. Strandvögel in tanzenden Schwärmen absolvierten über dem Wattenmeer, den angrenzenden Kögen, Dünen und Strandflächen ihre kunstvollen Flüge wie ein perfekt eingeübtes Begrüßungskomitee, während die flachen Wasserflächen mit ihren funkelnden Lichtreflexionen es mit jedem Sternenhimmel aufnehmen konnten.

Schon nach den ersten tiefen Atemzügen salziger Meeresluft auf dem Morsumer Bahnhof fragte sich Daniela, warum sie nicht schon viel früher die Nordsee für sich entdeckt hatte. Für eine studierte Biologin und leidenschaftliche Vogelbeobachterin war Sylt ein besonderes Universum. Ein Paradies. Nach einer Woche war sie sich sicher: Sie würde Hinnerk viel lieber nach Sylt folgen als nach Australien.

Wer brauchte schon die rote, brütende Erde des Outbacks, wenn das Morsum-Kliff vor der Haustür lag und seine Besucher mit Flora und Fauna und Geschichten aus einigen Millionen Jahren in seinen Bann zog?

Daniela seufzte. Stand abrupt auf. Fühlte sich völlig verkrampft. Eingekreist von widersprüchlichen Gefühlen – den Ängsten vor dem drohenden Heimweh nach Deutschland, der Liebe für die Insel und ihrer eigenen Unsicherheit, was das Australien-Projekt betraf – war sie völlig verwirrt. Sie hielt es in der Küche nicht mehr aus und verabschiedete sie sich etwas lahm, aber freundlich: „Ich bin dann mit dem Fahrrad unterwegs, Stine. Soll ich noch etwas besorgen?"

Wieder intensivierte das gnadenlose Ticken der Wanduhr Stines stures Schweigen. Daniela floh durch die Hintertür aus dem Haus zur Garage und schwang sich aufs Fahrrad.

Bald hatte sie das Marschland mit den grasenden Schafen hinter sich gelassen und Großmorsum erreicht, wo sie von der hufeisenförmigen Straße Bi Miiren links abbog und langsam auf die Bahnschienen zuhielt. Den Namen der Straße konnte sie immer noch nicht fließend aussprechen – Gurtmuasem.

Endlich kam sie in den nördlichen Teil des Ortes und stieg ab, als sie den Weg Üp Klef erreichte. Schwacher Nordwind blies ihr die salzigen Gerüche des Wattenmeeres entgegen. Über ihr schwebten Uferschwalben, die in den Nisthöhlen der Steilwand aufgewachsen waren. Eine Gruppe von Gänsen, die aus dem Landesinneren der Insel kam, verringerte ihre Flughöhe, um in Küstennähe zu landen. Ihren Rufen folgend, beschleunigte Daniela ihren Schritt. Wieder einmal konnte sie nicht erwarten, hoch zum Kliff zu kommen, um auf ihr neues Paradies zu schauen. Inzwischen kannte sie den Rhythmus der Tiden, wusste, wann Ebbe und wann Flut herrschte.

Trotz des angenehmen Windes spürte Daniela die Sonne auf ihren Kopf brennen. Bei ihrer überstürzten Flucht hatte sie alles vergessen, was sie sonst zur Vogelbeobachtung dabeihatte: Baseballkappe, ein Fernglas, Sonnenbrille und ihren Rucksack mit gefüllter Wasserflasche. Enttäuscht sah sie, dass ihr Lieblingsplätzchen von einer Frau mit Strohhut besetzt war.

So ein Mist. Auch das noch!

Verärgert wollte Daniela an der Frau vorbeistapfen, als diese sich umwandte: „Kommen Sie auch so gerne hierher? Setzen Sie sich zu mir! Hier können wir auch zu zweit sitzen."

Die ältere Frau rückte etwas zur Seite und klopfte auf den Platz neben sich. Doch Daniela blieb stehen, obwohl sie die Urlauberin inzwischen erkannt hatte, die im Haus von Hinnerks Mutter die kleine Ferienwohnung gemietet hatte.

„Hallo, Frau Holm! Sie genießen Ihren Urlaub ja an einem besonders schönen Ort. Das Kliff ist mein absoluter Lieblingsplatz auf der Insel."

„Ja, die Nordseeinseln sind etwas ganz Besonderes, aber warum willst du dann unbedingt nach Australien, wenn es dir hier so gut gefällt?"

Die direkte Frage traf Daniela unvorbereitet. Ihre Augen füllten sich mit Tränen, als sie die Wahrheit ahnte, die ihr Leben völlig auf den Kopf stellen würde: Sie wollte am liebsten auf Sylt bleiben!

Obwohl Daniela ihre Gedanken nicht laut ausgesprochen hatte, nickte Frau Holm ihr verstehend zu und klopfte nochmals auffordernd auf die plattgedrückten Gräser neben sich. Endlich konnte Daniela den verkrampften Griff, mit dem sie sich am Lenker festgehalten hatte, lösen und legte das Fahrrad an den Rand des Weges.

Gemeinsam starrten sie auf das Wattenmeer, das hier wie ein Binnensee wirkte, und lauschten den Rufen der Seevögel. Als Danielas Schluchzen abgeebbt war, hob ihre Nachbarin plötzlich ihren Arm und zeigte kurz Richtung Norden: „Dort liegt meine Heimat – Rømø"

„Ach, Sie kommen aus Dänemark!"

„Kannst ruhig du sagen. In Dänemark nennen wir uns alle beim Vornamen. Ich heiße Bodil."

Was für ein seltsamer Name.

„Ich heiße Daniela und wo meine Heimat ist, weiß ich wohl im Augenblick selbst nicht so genau."

Sie hatte es laut ausgesprochen. Fühlte sie sich nun besser? Nein. Fühlte es sich wie eine Annäherung an eine Entscheidung an? Nein.

Als könnte die Dänin ihre Gedanken lesen, sagte sie leise: „Ich habe euren Streit gestern gehört. Dein Freund war ja sehr laut. Du darfst nicht mit ihm gehen, wenn du es nicht wirklich willst. Das darfst du nicht!"

Den letzten Satz konnte Daniela kaum noch hören. Es klang, als habe die Dänin zu sich selbst gesprochen. Verwundert musterte sie die Frau von der Seite. Ihr fiel es schwer, deren Alter zu schätzen. Vielleicht um die sechzig oder doch schon siebzig? Trotz Sonnenbräune und des schwarz gefärbten Pagenkopfes strahlte die schmächtige Frau keine robuste Gesundheit aus. Augen, Haut und Bewegungen – alles an ihr wirkte schlaff.

„Wissen Sie – nein, weißt du –, es ist schon fast alles arrangiert. Und Hinnerk hat versprochen, sobald ich wieder zurück nach Deutschland möchte, bucht er persönlich die Flüge."

Daniela fühlte sich blitzartig fest am Oberarm gepackt. Bodils spitze Finger bohrten sich schmerzhaft in ihr Fleisch, bis auf den Knochen. „Du darfst ihm nicht glauben! Das hat er mir auch versprochen. Geh nicht nach Australien! Wenn du erst dort bist, gibt es kein Zurück!"

Für eine Sekunde dachte Daniela, die Frau stecke vielleicht mit Stine Rasmussen unter einer Decke. Ein inszeniertes Komplott, um sie von ihrem Plan abzubringen. Doch von der Dänin ging eine unbeherrschte, echte Intensität aus, die Daniela ängstigte. Vielleicht war die Frau psychisch gestört und gefährlich. Aber kopflos mit dem Fahrrad zu flüchten, schien ihr übertrieben. Sie waren doch nur zwei Frauen, die mit den Nerven offensichtlich fast am Ende waren. Bei dem Gedanken lachte Daniela unwillkürlich auf, da es sie an den spanischen Film „Frauen am Rande des Nervenzusammenbruchs" von Pedro Almódovar erinnerte. Wenigstens kann hier niemand ein Bett in Brand setzen, überlegte sie schon etwas entspannter. Aber vielleicht würde der Dänin ein Gazpacho mit Schlafmitteln guttun.

Laut äußerte sie, um ihr Lachen zu erklären: „Ich stelle mir gerade vor, was Hinnerk für ein Gesicht machen würde, wenn ich ihm sagte, dass ich lieber nach Sylt auswandern möchte als nach Australien."

Erleichtert nahm sie wahr, dass Bodil die Umklammerung löste: „Wenn es das ist, was du möchtest, musst du das durchsetzen. Ihr seid doch nicht verheiratet, oder?"

Daniela fand die Fragerei der Frau verwirrend. Scheiß auf Höflichkeit, dachte sie und stand auf. Das war ihr alles zu anstrengend. „Seien Sie mir nicht böse, aber ich muss versuchen, meinen Freund zu erreichen. Es gibt vor unserem Abflug noch viel zu klären. Danke, dass Sie mir Mut zusprechen wollten, aber es gibt jetzt kein Zurück mehr für meine Entscheidung."

Die Frau schaute resigniert und abwesend Richtung Rømø, während sie murmelte: „Ja, das habe ich lange Zeit auch gedacht. Doch nun bin ich wieder hier. Hm ... vielleicht kann ich dir ja helfen."

Puh, dachte Daniela, bloß weg hier, die Dame hatte bestimmt einige Probleme und sie wollte sich nicht darauf einlassen. Sie bekam eine leichte Gänsehaut, als sich eine Wolke vor die Sonne schob und der Wind auffrischte. Am besten fuhr sie jetzt ins Gartencafé der Bäckerei Ingwersen. Dort konnte man bei einem Stück

Friesentorte und einem Kännchen Tee gut die Seele baumeln lassen.

Am nächsten Morgen erwachte Daniela, weil kurz hintereinander Rettungswagen oder Polizei mit heulendem Martinshorn am Haus vorbeirasten. Der Himmel war bedeckt. Das Bett neben ihr leer. Sie musste tief geschlafen haben, dass weder Hinnerks nächtliche Ankunft noch sein Aufbruch zum Joggen sie geweckt hatte. Seit sie ihn kannte, lief er jeden Morgen mindestens zehn Kilometer.

Kurz entschlossen stieg Daniela aus dem Bett und beeilte sich mit dem Duschen. Sie wollte Brötchen holen, und damit es schneller ging, nahm sie ihren knallgelben Twingo, mit dem sie nach Sylt gefahren waren.

Vor dem Tresen bei Ingwersen herrschte schon reger Betrieb. Wohl oder übel musste Daniela langweiligen Gesprächen lauschen, bis eine neue Kundin mit der Ankündigung reinplatzte: „Moin, moin! Habt ihr schon gehört? Ein Jogger ist angefahren worden. Und der Fahrer hat wohl Fahrerflucht begangen."

Daniela dachte, ihr Herz würde stehen bleiben.

Hinnerk! Konnte er der Jogger sein? Oder war er schon zuhause?

Alle hörten nun, wie sich das dröhnende Geräusch eines Hubschraubers dem Ort näherte, und eilten vor die Tür.

Daniela sprang in ihr Auto und raste zu Stines Haus. Ängstlich und nervös biss sie sich auf die Unterlippe, als sie vor der Pforte den Polizeiwagen entdeckte.

In Stines Küche starrte Hinnerks Mutter mit leerem Blick vor sich hin, während Daniela von einem dunkelhaarigen Polizisten erfuhr, dass Hinnerk angefahren worden und noch am Unfallort gestorben war. „Es gibt Zeugen, die den Unfall gesehen haben, und unsere Fahndung nach der Fahrzeugführerin war bereits erfolgreich. Sie heißt Bodil – Bodil Asmussen. Sie müssten sie kennen, denn sie hat hier im Haus eine Ferienwohnung gemietet."

Daniela starrte ihn an, unfähig, einen Ton von sich zu geben.

„Meine Kollegen haben sie bereits verhaftet. Es ist – wie soll ich das sagen – es scheint ein sehr ungewöhnlicher Fall. Nach der Frau wurde bereits gefahndet. Sie hat in ihrer Heimat ihren Mann ermordet."

Daniela blinzelte mit den Augen und verarbeitete in Zeitlupe die Informationen, während sie versuchte, nicht ihren weichen Knien nachzugeben, die sich wie Pudding anfühlten: „In ihrer Heimat? Sie meinen, sie hat auf der Insel Rømø ihren Mann ermordet und ist dann hierher geflüchtet?"

Der bärtige Polizist runzelte seine Stirn und schüttelte seinen Kopf. „Nein. Sie hat die letzten dreißig Jahre in Australien gelebt."

Das gnadenlose Ticken der Uhr erfüllte einen kurzen Augenblick die plötzliche Stille, bis Stine Daniela mit ihrem Blick durchbohrte und ihre Forderung in den Raum presste: „Nehmen Sie die Frau bitte mit. Ich möchte nicht eine Minute länger mit ihr unter einem Dach sein. Es ist alles ihre Schuld!"

Weder der inzwischen eingetroffene Arzt noch die Polizisten vermochten Stine dazu zu überreden, dass Daniela bis zur Beerdigung bei ihr bleiben durfte.

Hinnerk kam von seiner Insel nun doch nicht mehr weg und fand auf dem kleinen Friedhof der alten Inselkirche St. Martin seine letzte Ruhestätte.

Gleich nach der Beerdigung flog Daniela nach Australien.

Hörnum

Der südliche Zipfel der Insel war früher ein Schlupfwinkel für Strand- und Seeräuber und wurde im 15. Jahrhundert zum Ausgangspunkt für den Heringsfang.

Das kleine Dorf, in dem erst 1929 mit dem Errichten von Häusern begonnen wurde, wird an drei Seiten von Meer und Strand umrahmt. Überragt wird der Ort von seinem Wahrzeichen, dem 1907 erbauten Leuchtturm, der über 33 Meter hoch herausragt und seit über hundert Jahren ein Blickfang und beliebtes Fotomotiv ist.

Mindestens so beliebt ist wohl Willi, die weibliche Robbe, die es seit 1991 regelmäßig in den Hafen von Hörnum zieht und die sich dort gern von Einheimischen und Urlaubern mit Heringen füttern lässt.

Nähere Informationen über das Wattenmeer und die Salzwiesen hält die ansässige Niederlassung der „Schutzstation Wattenmeer" bereit, die auch Veranstaltungen organisiert, um Groß und Klein für den Schutz dieser einmaligen Landschaften zu sensibilisieren.

Die Rundwanderung um die „Hörnum-Odde", die Südspitze der Insel Sylt, ist eine ganz besondere Attraktion. Gefährdet durch die Erosion schrumpft sie ständig und verlor nach dem Sturmtief „Erwin" im Winter/Frühjahr 2005 rund 20 Meter.

Auch der Sport kommt in Hörnum nicht zu kurz. Auf dem Golfplatz, der nicht nur schön gelegen, sondern auch spielerisch anspruchsvoll ist, kann der Golfer sein ganzes Können zeigen.

HÖRNUM

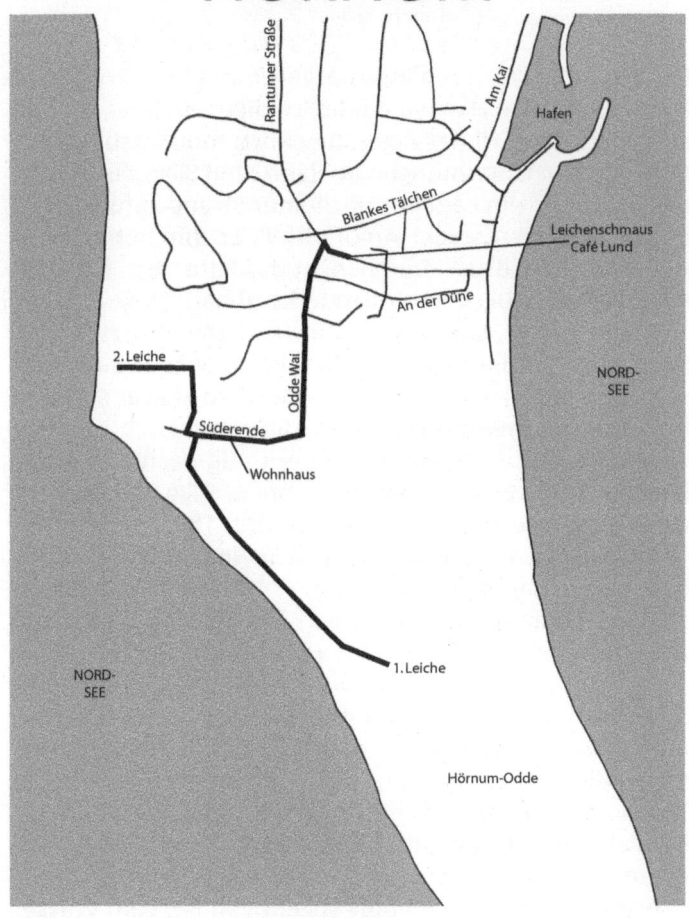

Shanties, Sand und Sturmgebraus

Renate Müller-Piper

Ein erwachender Frühlingsmorgen mit allem Drum und Dran! Über Silke Hansen ein hellseidiger Himmel, an diesem Platz, der Erinnerungen bewahrt, fondantsüße Erinnerungen an Umarmungen im Sand, und Silke diese Erinnerung bei ihrem Lauf am Hörnumer Strand zufunkt. Tief in ihrem Herzen steckt Amors Pfeil. Er durchbohrt Jans Briefe an ihrer Brust. Durchsticht das Foto: Jans blaugrüner magischer Blick unter rotem Kurzhaar.

Paradiesisch!, jubelt Silke. Ihr Jubel aber stürzt jäh ab. Ruck zuck hat die tückische Phobie sie wieder eingekesselt, gaukelt ihr vor, der Küchenherd zu Hause stehe in lodernden Flammen, Flammen, die gierig nach Handtüchern, lüstern nach Tapeten, übermütig nach den weißblau gewürfelten Gardinen schnappen. Silke verlangsamt ihr Tempo, redet sich mit Engels- und Therapeutenzungen zu. Nein, es brennt nicht in meiner Küche. Ja, ich habe alle Schalter auf null gestellt. Auf null. Dreimal kontrolliert. Oder viermal? Fünfmal? Der Herd in Silkes Kopf aber glüht lustvoll weiter. Ihr wird heiß, als griffen reale Flammen nach ihr. Soll sie wieder klein beigeben, ihren Strandlauf stoppen, umkehren, zu Haus und Herd stürmen, sich ein zehntes Mal mit Auge und Hand vergewissern? Alle Herdschalter auf null? Fernseher? Toaster? Die Türen verschlossen? Schon will sie sich geschlagen geben, als diese gespenstischen Zwänge abrupt von ihr abfallen.

Gerade ist Silke, die eben abgebogen ist, vom Wasser in Richtung Dünen und Aussichtspunkt, mit der rechten Fußspitze im Sand gegen einen reglosen Körper gestoßen. Seltsam verdreht liegt er da. Und wie es aussieht, gibt keine irdische Macht diesem Jungen sein Leben zurück an diesem so paradiesischen Tag. Puls? Null. Panisch drängt es Silke, dem Toten Atem einzuhauchen, sein Michelangelo-Gesicht, seinen jungen Körper vor dem Verfall zu bewahren. Vermag sie das? Nein. Ebenso wenig wie später die von ihr herbeigerufenen Gesetzeshüter oder der kahlköpfige Mediziner, der Kopfschüsse als Todesursache ausmacht. Endgültiges, man weiß das aus Fernsehfilmen, nach der Obduktion.

„Halten Sie sich bitte zu unserer Verfügung, Frau Hansen. Für das Protokoll", bittet einer der Beamten müde.

Silke deutet abwesend nickend an, dass sie versteht und ihren Part übernimmt in diesem Geschehen, das total aus dem Rahmen fällt. Für sie. Und für den Jungen, in dessen Kopf zwei Kugeln stecken.

So unverhofft wird eine zur Zeugin, eine, die am weiten Meer dem Frühling entgegeneilt, die ihren neurotischen Zwängen davonlaufen will. Bin ich denn eine Zeugin?, fragt sich Silke verwirrt. Keine Tatzeugin jedenfalls. Und auf die käme es dringend an. Silke aber ist es lieber so, wie es ist. Würde nicht, wer gerade getötet hat, beim Morden bleiben, wenn er sich beobachtet weiß? Schlag auf Schlag? Schuss auf Schuss? Der Fluch der ersten bösen Tat.

Silke kennt den Toten, den Schüler Klas Andersen. Er hat sich als Begleiter bei Silkes Inselführungen, Dünen- und Wattwanderungen, Besichtigung des Hafens und des 1907 in Betrieb genommenen rot-weißen Hörnumer Leuchtturms ein Taschengeld verdient. In der letzten Zeit hat er pfadfindermäßig auf nächtlichen Erkundungsgängen Nachtwanderungen für das Programm des Hörnumer Fremdenverkehrsbüros vorbereitet.

Stunden später.

Die Zeugin Silke in dem von den verstorbenen Eltern geerbten reetgedeckten kleinen Haus im Süderende, von Dünen umgeben. Ein Hörnumer Ferienhaus ihrer Hamburger Familie eigentlich. Winziger Wohnraum. Schlafcouch. Kochnische. WC. Dusche. Etagenbetten im Schlafzimmer. Und eine herunterziehbare Leiter zum Boden, der ein paar Schläfer aufnehmen kann. Nur fünf Minuten bis zum FKK-Strand.

Silkes Kindheits-Ferienparadies ist heute ihr fester Wohnsitz, seit sie sich dem Großstadttempo immer weniger gewachsen fühlt, seit sie hier in Hörnum arbeitet und genügsam lebt.

Auf die Sitzeckbank geklemmt, den Blick halb auf ihre selbst verordnete Lektüre gerichtet: „Wie befreie ich mich von neurotischen Zwängen?", schiebt sie die mittäglichen Bissen auf dem blau glasierten Keramikteller lustlos mit dem Besteck von der Mitte zum Rand, von rechts nach links. Die Bilder des Morgens lassen sie nicht los. Auch die gewohnt-geliebte Tasse Tee schmeckt fad, fad wie abgestandene Cola. Ein Toter, ein so junger Toter aus ihrem Umfeld! Ein Mensch ohne offensichtliches düsteres Geheimnis existiert nicht mehr. Einfach so.

Zwischen zwei Schlucken Saft ist er dann plötzlich wieder da, überlagert alles andere in Silkes Kopf: der höhnische, verrückte Psychozweifel. Die Haustür abgeschlossen? Oder ist da schon jemand ungehindert eingedrungen und verbirgt sich hinter den Mänteln an der Flurgarderobe? Hinter der WC-Tür? Störtebekers Wiedergänger? Silke springt auf. Kontrolliert. Alles okay.

Ihre Gedanken springen von ihrem heutigen Strandlauf zu ihrer neuen Leidenschaft, zu ihren gerade begonnenen Krimi-Aufzeichnungen. Gibt es da nicht einen gespenstischen Bezug? Hat sie etwas heraufbeschworen? Auf den Seiten ihrer schwarzen Kladde nämlich will die Gästeführerin Silke Hansen, die Besuchern die Inselidylle anpreist, auch dunklere Seiten ihrer Heimat dokumentieren, kleine und große Missetaten etwa.

Mit der Idee hierzu hat Jan Petersen, ihr Liebster, bei ihr offene Türen eingerannt. Jan? Kriminalschriftsteller und Deutschlehrer aus Hannover, der Stadt des Dadaisten Kurt Schwitters und des munteren Massenmörders Fritz Haarmann.

Jan steht ihr sehr nahe, inzwischen.

Eines hochsommerlichen Nachmittags im vergangenen Jahr haben seine blitzenden Augen sie ununterbrochen und mit Erfolg angeflirtet, während Silke mit Klas eine Gästegruppe durch die bedeutende Hörnumer St. Thomas Kirche führte. Der Bau ähnelt einem großen Segel. Ein Lichtertisch weist Formen und Symbole von Sand und Wellen auf.

Die sommerlich-lockere Atmosphäre bei der Schlussaufführung des alljährlichen Hörnumer Theatersommers anderntags ließ dem Paar Flügel wachsen. Atemberaubend schnell gingen sie Hand in Hand, Arm in Arm durch diesen Tag. Auch durch die nächsten Tage.

Und weiter? Jan gewann sie, die bedächtige Singlefrau, in elf Schnellzugtagen mit Endlos-Blicken, ausdauernden Küssen im Wind, in den Wellen, in den Dünen und nachts in leer stehenden Strandkörben. Mit jungenhaftem Lachen und unerschöpflichem Ideenvorrat.

„Genau hier, Silke, siedeln wir unsere Krimis an. In Hörnums Dünensand, bei Segeltörns, beim Krabbenpulwettbewerb oder bei den Salonkonzerten im feinen Budersand-Hotel in der Budersandstraße. Wir mischen Fiktives mit Tatsächlichem. Du sammelst etwaige Fakten –

was tatsächlich passiert ist, erhöht den Grad an Authentizität. Ein unschlagbares Duo werden wir sein. Die Verlage werden sich um uns reißen."

„Fernsehen und Film werden Schlange stehen?", hat sie gespottet – und doch beinah daran geglaubt.

Silke sammelt sich, starrt die Mahlzeit vor sich an, legt dann das Besteck aus der Hand, schiebt ihren Teller mit einer schroffen Handbewegung von sich, haarscharf an die Tischkante.

Telefon.

Polizei? Schwerfällig zieht Silke den Hörer an ihr rechtes Ohr. Ihr Herz arbeitet wild und laut.

„Silke, meine Schöne! Wenn du in dieser Minute errätst, wo ich mich gerade aufhalte, wirst du großzügig mit einer wunderbaren Überraschung belohnt", lockt sie da Jan Petersen.

„Ich brauche nicht zu raten, Jan", sagt Silke etwas schleppend und schiebt nach: „Woher weißt du, dass ich dich brauche? Jetzt?"

„Brauchst du mich nicht immer? Tag für Tag? Nacht für Nacht? Ich komme in dieser Sekunde hier an und hoffe, du zückst schnell deinen Schlüssel. Gleich rutschen mir Handy, dunkelrote Rosen und meine Tasche aus den Fingern. Vor deine Haustür. Willst du das?"

Silkes Blick fällt auf ihren Psychoratgeber. Das Buch soll verschwinden! Wohin damit? Sie greift sich das zerlesene Taschenbuch vom Sitz neben sich. Ab damit in die Tischschublade. Vorerst.

Vorsichtig erhebt sie sich, sackt noch einmal zurück, versucht dann, auf einer fast schnurgeraden, gedachten Linie die Haustür zu erreichen. Vor dem schmalen, wandhohen Dielenspiegel bleibt sie unsicher stehen. Was ihr entgegenblickt, missfällt ihr. Mit den Fingerspitzen der rechten Hand dreht sie an ihren lakritzfarbenen Locken, wischt verschmierten Lippenstift ab. Sie kneift sich in die blassen Wangen, stopft ihre weiße Bluse in die lavendelfarbene Leinenhose. Umständlich schließt sie die Haustür auf, öffnet sie weit. Der Wind reißt sie ihr fast aus der Hand.

Lächeln. Um-den-Hals-Fallen. Küsse. Wellen von Wärme, Geborgenheit, Vertrauen.

„Das wirklich Allerneuste von Sylt!" Jan hat am nächsten Morgen – nach einem stimulierenden Sprung in die See – eingekauft und den kleinen Frühstückstisch verschwenderisch gedeckt. Er legt die Lokalzeitung neben Silkes Teller. Silke, fast wieder im Gleichgewicht, unterläuft der Fehler, vor einem genussvollen Biss und einem labenden Schluck schwungvoll die Zeitung aufzuschlagen.

„MORDFALL KLAS A.", springt sie da in großen Lettern an. Bislang gebe es keine Hinweise auf Feinde des Opfers, auf Tatmotive. Es wird gebeten, einer etwa auftauchenden, von ihm handgefertigten Kupferkette Beachtung zu schenken, einem Schmuckstück mit tintenblauem emailliertem Kreuz daran. An seinem letzten Abend habe Klas A. diese Kette um den Hals getragen. Foto.

Erinnerungen an den ungewöhnlichen Halsschmuck, an alle Bilder von gestern am Strand beginnen Silke wieder zu umrunden. „Nein!", entscheidet sie, schlägt die Zeitung zu. „Kein Platz für Mörder und für Tote an unserem Frühstückstisch."

Sie versucht zu genießen, was Jan ihr kredenzt hat: Mohn-Croissants, Vollkornbrot, Erdbeermarmelade, Ingwerkonfitüre, Salzbutter, frische Krabben, Appenzeller

Käse. Köstliche Säfte, Tee mit Kluntjes und flüssiger Sahne. Champagner.

„Nachrichtensperre!", verkündet sie kauend.

„Aber eine kleine Tischmusik darf's doch sein", bittet Jan, haucht einen Kuss auf Silkes Wange und schaltet ein regionales Fernsehkonzert an: Shanties.

Ehe Jan den Aus-Knopf drücken kann, wird in eingeblendeten Kurznachrichten kühl-sachlich von einer weiteren Leiche berichtet, die eingeklemmt zwischen den Tetrapoden am Ende des Hundestrandes abgelegt war. Offenbar etwas früher als das erste Opfer. Es handelt sich um die Taxifahrerin Hilde M. aus Hörnum. Das Taxi der mit drei Schüssen getöteten Frau war vor Entdeckung ihrer Leiche von einem Urlauber leer, mit offenstehender Tür, aufgefunden worden. Phantombild von dem vermutlich letzten Fahrgast der Ermordeten. Unter dünnen Augenbrauen sieht ein schmallippiger Blondschopf die Zuschauer gleichgültig an, beschwört bei Silke eine vage Erinnerung. An wen? An wen bloß?

Sie legt das Croissant aus der Hand. „Hilde?", flüstert sie dann ungläubig. Kindheitsfreundin. Und – seit zwei Monaten – mit Silke einmal wöchentlich in der Selbsthilfegruppe „Ich stelle mich", die beide befreien soll von ungebetenen, quälenden Phantomen, von neurotischen Zweifeln und Zwängen.

Jan schüttelt nachdenklich den Kopf. Leise sagt er: „Dass sich deine schwarze Krimikladde so schnell füllen lassen würde mit realen Fällen ... Du machst doch weiter mit, meine schöne Komplizin, Spezialistin für ‚True Crime an der Nordsee'?"

Silke lässt keine Zweifel zu: „Derart gestählt durch die letzten mörderischen Tage wäre es unverzeihlich, die Blätter in meiner schwarzen Kladde weiß und unschuldig zu lassen. Nein, meine Schreiblust ist ungebrochen. Und erst meine Schreibwut! Diese Wut und unsere Schreibkunst nutzen wir zu einem literarischen Denkmal für meine Hilde. Und für Klas."

„Kein Strandausflug jetzt?", fragt Jan dann vorsichtig.

„Doch", entscheidet Silke. Schweigend räumt sie den Tisch ab. Die Stehauffrau Hilde! Preisgekrönte Seglerin und Surferin. Diesmal wird es kein Wieder-Aufstehen geben. Hilde war Single. Ein Sohn, Knud, 17 Jahre. Silke ist ihm sehr selten begegnet. Wenn, schirmte ihn eine blausilbern getönte, wuchtige Sonnenbrille ab. Umso mehr hat sie von ihm gehört. Schule, Lehre, Jobs? Nein, danke.

Tage später.

Noch eine halbe Stunde bis zu Hildes Beerdigung. Silke, vor ihrem roten Klinkerhäuschen, in dem schwarzen strengen Kostüm, das seit der Beerdigung ihrer Eltern auf den nächsten Einsatz gewartet hat.

Panik! Ach, in fünf Minuten könnte sie drüben am Strand sein, einfach abhauen! Den Sand unter den Füßen, den Kopf im Wind, das Wellengebraus im Ohr. Laufen! Laufen, um die Südspitze. Und zurück. Danach nackt mit den Wellen kämpfen. Und gewinnen.

Behutsam nimmt Jan Silkes linken Arm. Die Finger ihrer rechten Hand krampfen sich um einen kleinen Strauß weißer Rosen und Lilien, den unter den beiden Freundinnen traditionellen Mitbring-Strauß.

Gerade als Jan dann seinen Volvo Kombi starten will, reißt Silke noch einmal hektisch ihre Tür auf. „Bin sofort wieder da", murmelt sie verlegen und ist auch schon die paar Schritte zum Haus, durch die Tür. Herd? Toaster? Stövchen? Alles okay? Ja, ja doch!

Sie hastet zurück, stößt dabei im engen Flur Jans offen

stehenden Kulturbeutel um. Schnell will sie darüber hinwegsteigen, stutzt, bückt sich und hält eine Kupferkette mit emailliertem Kreuz in der feuchten Hand. Sie streckt den Arm, hält den Schmuck von sich, so weit wie irgend möglich, als wolle sie die Kette nicht berühren, sich nicht besudeln, sie im Unendlichen verschwinden lassen.

Silkes Blicke flattern durch den Raum, zögernd lässt sie den Fund in ihre Jackentasche gleiten, presst ihre flache Hand fest darauf. Wer ist Jan? Was weiß ich von ihm? War Klas' Halskette kein Einzelstück?

An Hildes offenem Grab sticht ein monströser Kranz schmerzhaft ins Auge: roteRosenebenroterRosenebenroterRose. Auf Efeu und Fichte. Über dieser schreienden Pracht ein kohleschwarzes breites Schmuckband. Darauf flittert golden: „IN LIEBE. Dein ewig dankbarer Sohn Knud."

Silkes Blick begegnet dem eines der Kriminalbeamten, die angespannt neben den Trauernden warten. Ihre Anwesenheit rückt den Abschied von Hilde ins gänzlich Unwirkliche, Unglaubhafte.

Kein Klön will später aufkommen beim Leichenschmaus im traditionsreichen „Café Lund" in der Rantumer Straße. Fast wortlos werden Teller gefüllt und schweigend leer gegessen, werden Gläser voll geschenkt und leer getrunken.

Die Jäger des Mörders an der Tür und im Gang. Was würden die tun, wenn Silke in ihre Jackentasche greifen, Jans Kette herauszerren und hoch über sich in der Luft kreisen lassen würde?

Ihr wird heiß. Gleich wird ihr Kopf zerspringen, in kleinen blutigen Teilen durch den Raum fliegen. Ihr Kopf und auch ihr rasendes Herz. Einfach alles.

Da! Silke vergisst zu atmen. Zwei Uniformierte nehmen Hildes Sohn, nehmen Knud, der plötzlich von seinem Sitz hochgeschnellt ist, in ihre Mitte. Einer der Beamten zieht die riesige Sonnenbrille von den Augen des Jungen. Und Knud hört sich ohne Regung an, was bei vorläufigen Festnahmen üblicherweise gesagt wird.

Knud? Knud! Mit sezierenden Blicken durchbohrt Silke den schlaksigen Jungen, vor dessen Gesicht sich langsam das Phantombild der Fernsehnachrichten schiebt. Ein Porträtfoto fast.

„Okay", sagt der Verdächtige heiser und mit hocherhobenem Kopf, als verliere er ungerechterweise einen fairen Kampf. „Okay, ihr habt gewonnen. Aber die beiden sind selbst schuld. Eine Mutter darf ihren Sohn nicht hängen lassen! Niemals! Die wollte tatsächlich kein Geld mehr rausrücken. Keinen lumpigen Tausender. Wie, bitteschön, sollte ich meine Schulden loswerden? Das Leben auf Sylt ist sauteuer. Und die Rauschgiftler lassen sich nicht hinhalten. Die doch nicht." Knud wendet den Kopf nach allen Seiten, als erwarte er Zustimmung, Beifall.

„Und Klas?", fährt er eifrig fort. „Dieser Idiot musste da ausgerechnet rumspuken, wo ich mit meiner Mutter ..., mitten in der Nacht. Der wollte tatsächlich zur Polizei. Tatzeuge. Konnte ich das zulassen? Statt seine dämlichen Nachtwanderungen vorzubereiten und anderen auf den Geist zu gehen, hätte er lieber noch mehr Kupferkettchen basteln sollen. Kinderkram. Von diesem Idioten konnte ich mich nicht ans Messer liefern lassen! Von einem Kettchenbastler! Neuerdings verschenkte er die Dinger an jeden. Ein Idiot eben."

HÖRNUM

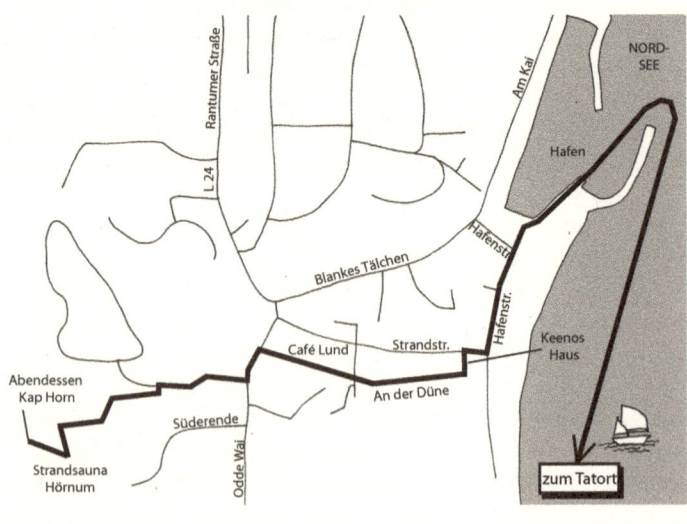

Nasser Sand

Walter M. Dobrow

Grit hätte ja auch bei Dankert und Thönniesen anfangen können. Das Angebot war gut gewesen und zumindest hätte sie jetzt nicht auf dem nassen Sand liegen müssen. Wahrscheinlich nicht – so genau weiß man das ja nicht.

Grit kam zu spät. Das war mehr als peinlich, weil heute der „Große Boss" persönlich an der Projektsitzung teilnahm. Die Glastür des imposanten Geschäftshauses in der Hamburger Innenstadt schloss sich hinter ihr und sie rannte zu den Fahrstühlen. Schon viertel nach neun!

„Entschuldigung. War im Stau ...", murmelte sie und Wissmann sah sie über den Rand seiner Brille streng an.

Der Große Boss beachtete sie gar nicht. Er blätterte in seinen Unterlagen. Grit setzte sich und Wissmann machte weiter.

„Wir haben das ganze Areal in der Hand und die Kunden stehen Schlange", sagte er und wies auf die Zeichnungen der schmucken, an den Friesenstil angelehnten Villen, die in Hörnum auf Sylt entstehen sollten.

Grit hörte nur halb zu. Ihr Projekt kam erst später an die Reihe. Ein Geschäftshaus in Stade. Aber als sie merkte, dass es um ihren Heimatort ging, wurde sie nun doch hellhörig.

Der Große Boss räusperte sich. „Sind die ... Schwierigkeiten, die dieser Mummert uns macht, ausgeräumt?", fragte er und Wissmann krümmte sich etwas.

„Darauf wollte ich gerade zu sprechen kommen. Ich weiß nicht, was der Mann noch will. Mehr können wir ihm nicht bieten ..."

„Mummert?", fragte Grit. „Keeno Mummert? Den kenne ich gut."

Erinnerungen stiegen in ihr auf: Sie hatte Sylt sofort nach ihrem Realschulabschluss verlassen und war nach Hamburg gegangen. Höhere Handelsschule. Danach Lehre als Immobilienkauffrau. Sie wollte etwas aus sich machen. Das war klar. In Kindergarten, Haupt- und Realschule war sie der Schwarm aller Jungs gewesen und ein paar davon hatte sie etwas näher an Haut und Herz gelassen. Herz weniger, denn ihr ging es um „Erfahrung sammeln". Einer von ihnen war Keeno Mummert gewesen. Ihm war es nicht um Erfahrung gegangen. Er hatte sich gnadenlos verliebt. Damals.

Alle sahen sie an. Das „Küken" wagte es zu piepen, und das in Anwesenheit des Großen Bosses! Wissmann sah sie irritiert an und der Große Boss fragte: „Woher kennen Sie ihn denn, Fräulein Wilke?"

Niemand sagte noch „Fräulein", nur der Große Boss, aber das war Grit egal und sie erzählte ...

Grit wartete darauf, dass ihr Wagen vom Autozug rollen konnte. Noch war zwar keine Ferienzeit, aber es war voll. Wartezeit in Niebüll beim Verladen und hier in Westerland beim Entladen. Als der Zug über den Hindenburgdamm gerollt war, hatte sie unerwartetes Glück verspürt. Heimkehr ... Der letzte Besuch lag fast ein Jahr zurück.

Endlich fuhr sie Richtung Hörnum. Wissmann hatte ihr davon abgeraten, ihren Dienstwagen zu benutzen – den roten Polo mit der Aufschrift der Firma. Wissmann meinte, das käme dort vielleicht im Moment nicht so gut an. Okay, der schicke, auf Firmenkosten gemietete Mini gefiel ihr sowieso besser. Das Fenster war offen und der

Seewind spielte mit ihren blonden Locken wie in den ersten siebzehn Jahren ihres Lebens.

Die Mutter freute sich, als ihre Tochter ankam.

„Bleibst du diesmal länger, Kind?", fragte sie und Grit sagte: „Mal sehen. Ein paar Tage."

Keeno Mummert schluckte seine schlechte Laune herunter. Als Schiffsführer der „Adler" war er nicht nur Seemann, sondern auch Fremdenführer und Entertainer in einem. Nicht, dass ihm das besonders lag. Vom Typ her wortkarger Friese hatte er sich das Reden mühsam antrainieren müssen.

„Ziemlich voll heute", freute sich Anneke Riebert, die hinten im Schiff mit einer Kollegin die Restauration betrieb. „Hier, deine Brötchen und der Kaffee."

Sie stellte den Teller und die Thermoskanne nebst Becher auf die Seekarte, was sie immer tat und was Keeno jedes Mal bemängelte.

„Doch nicht auf die Karte, dammich!"

Anneke lachte. Sie mochte den Käpt'n gern. Wenn sie zwanzig Jahre jünger wäre ... Warum der wohl noch keine Frau hat?, fragte sie sich – und nicht nur sie. So wie der aussah ... breite Schultern, groß gewachsen, blond, braun gebrannt ...

„Na, dann kann's ja losgehen", sagte Keeno und winkte Roman zu, einem jungen Polen, den die Reederei als Deckmann eingestellt hatte und der sich recht geschickt anstellte. Roman winkte zurück und wollte gerade die Gangway einziehen, als eine junge Frau über die Mole gerannt kam.

„Ich will noch mit!", rief sie und der Klang der Stimme ließ Keeno erstarren.

Er drehte sich um und sah, wie sie so eben noch über

die Planke kam. Grit ... Das gibt's doch nicht, dachte er ungläubig.

Vom Bug her starrte Roman zu ihm hinauf. Nur die Bugleine hatte er jetzt noch zu lösen, er wartete aber auf Keenos Kommando, der sich zusammenreißen musste, um sich wieder konzentrieren zu können. Dann nahm die „Falke" Fahrt auf und Keeno sah hinüber zu den Yachtstegen. Dort lag auch seine „Möwe", das kleinste Boot hier im Hafen, mit ihren knapp sechs Metern. Eine Leisure 17 mit zwei Kielen unterm Rumpf, mit deren Hilfe man sich ruhig mal im Watt trocken fallen lassen konnte. Sonst gab's da nur schicke, mindestens zehn Meter lange Luxusyachten. Aber der Sylter Yachtklub hatte keine Wahl. Vater Mummert hatte seinerzeit ein für das Winterlager benötigtes Grundstück nur gegen einen Eigentums-Liegeplatz abgegeben ...

So war das hier in Hörnum und auf ganz Sylt, dachte Keeno bitter. Nur noch Schickimicki.

Die Sonne schien planmäßig und Keeno sah schon von Weitem, dass heute ein guter Tag für seine Gäste war. Zahllose Seehunde lagen auf der Sandbank, die in ein paar Stunden schon wieder der Flut gehören würde. Wie die Touristen, dachte er. Sonnen sich, als wenn sie nichts Besseres zu tun hätten. Hatten sie auch nicht, musste er dann zugeben. Fische gab es gerade genug in der Gegend und die Viecher hatten sich bestimmt in Rekordzeit die Bäuche vollgeschlagen. Keeno war kein besonderer Freund der Seehunde, denn sie fraßen den Fischern einen guten Teil ihres Fanges weg. Zum Beispiel seinem Freund Jan, der noch einen der wenigen Kutter in Hörnum besaß.

Keeno nahm das Mikrofon aus der Halterung und

schaltete die Lautsprecheranlage ein. „Joo, meine Damen und Herren. Da wären wir. Backbord, also links von uns, sehen Sie die Seehundbänke, und wenn Sie Glück haben, sehen Sie welche dicht am Schiff vorbeischwimmen."

Das unmittelbare Ergebnis war, dass überall auf und unter Deck die Leute aufsprangen, um besser sehen zu können. Anneke stand schon mit Wischtuch und Eimer bereit, denn so manche Kaffeetasse fiel dabei um. So wie jeden Tag.

Keeno nahm das Gas weg und die „Adler" verlor Fahrt und trieb dann in sicherer Entfernung von der Sandbank dahin. Er sah Grit an der Reling stehen. Ihren blonden Wuschelkopf ... Sie hatte sogar einmal in Richtung der Brücke gesehen ...

Zeit für die Ansage. Die Reederei hatte einen Zoologen einen kleinen Vortrag über Seehunde schreiben lassen und den musste Keeno an dieser Stelle immer verlesen.

Endlich kam er zum Ende. „So, meine Damen und Herren. Wir kehren jetzt nach Hörnum zurück. Die Flut kommt bald und die Seehunde gehen wieder fressen ... Apropos ... Unser Bordrestaurant hat heute leckeren Apfelkuchen anzubieten. Greifen Sie zu!"

Er wollte abschalten, drückte aber noch mal den Mikroknopf und sagte zögernd: „Grit, wenn du das bist ... Kommst du auf die Brücke?"

Nanu, dachte Anneke Riebert, musste sich dann aber dem Ansturm der Apfelkuchenkäufer stellen.

„Hallo Keeno." Sie sagte das leise, fast ein bisschen schüchtern. Auch sie hatte so ihre Erinnerungen und Keeno war nicht die schlechteste.

„Komm rein", antwortete er mit rauer Stimme.

Er sah sie kurz an, musste sich dann aber wieder auf sein Schiff konzentrieren, denn der Kollege von der Insel Amrum kam ihm entgegen.

„Was machst du so?", fragten sie beide gleichzeitig und lachten das Eis weg.

Sie aßen am Abend zusammen im „Kap Horn".

„Wie früher ...", sagte Grit, nur dass die Preise für Dorsch mit Bratkartoffeln jetzt fast doppelt so hoch waren. Später ging Grit neben Keeno her durch die kleinen Straßen, an denen bereits der Bauboom gewütet hatte.

„Guck dir diese Häuser an ...", sagte Keeno bitter. „Kann sich kein Einheimischer mehr leisten."

Grit schwieg, hatte im Innersten aber das Gefühl, ihm zustimmen zu wollen. „Am Wasser", die Straße, an der Keenos Kate stand, sah noch ursprünglich aus, jedenfalls auf den ersten Blick. Zwei der Nachbarhäuser waren aber bereits geräumt und die leeren Fensterhöhlen und die verwilderten Vorgärten sahen nicht gerade gemütlich aus. Keenos Vorgarten sah auch nicht gemütlich aus. Für „so 'n Kram" hatte er keine Zeit. Grit sah an der Ecke das große Werbeschild ihrer Firma: „North Sea Residence". Das hatte sich Wissmann einfallen lassen und die Pastellfarben der geplanten Gebäude auf sechs mal acht Meter großer Pappe sahen richtig toll aus.

Keeno hatte gesehen, wohin ihr Blick gefallen war. „Die wollen hier alles plattmachen und diese hässlichen Kästen bauen! Aber nicht, solange ich lebe. Das sag ich dir!"

Grit seufzte, schwieg und küsste Keeno. Ganz nach Plan und auch, weil ... Vielleicht hätte sie ihn auch ohne Plan geküsst.

Sie sah ihm nach, als er sich am Morgen zur Arbeit aufmachte.

„Du kommst zum Hafen, wenn ich zurück bin", sagte Keeno, der auf Wolke sieben schwebte. „Wir segeln dann ein bisschen. Wie früher!"

„Wie früher", hatten sie in den letzten zwölf Stunden oft gesagt. Als Keeno um die Ecke war, nahm Grit ihr Handy und rief Wissmann an. „Alles in Ordnung, Chef. Der unterschreibt. Ich bin Montag wieder in Hamburg."

Sie verbrachten drei wunderschöne Tage zusammen und Grit brauchte sich nicht zu verstellen, wenn sie Keeno küsste ...

„Na du! Hab euch gesehen, dich und deine Freundin", sagte Anneke, als sie diesmal Kaffee ins Ruderhaus brachte.

Keeno strahlte. So hatte ihn Anneke noch nie gesehen. Wurde ja auch Zeit!, dachte sie.

„Grit", antwortete Keeno. „Sie stammt von hier. Und jetzt ... Du, Anneke, wir werden zusammen weggehen. Mein alter Traum. Neuseeland! Verstehst du? Und sie kommt mit."

Anneke blieb der Mund offen. „Neuseeland? Warum das denn?"

Anneke konnte sich nicht vorstellen, was an Neuseeland dran sein sollte, was Sylt nicht bieten konnte. „Das überleg dir man noch mal", sagte Anneke. „Kostet doch Geld, so was."

Keeno grinste übers ganze Gesicht. „Grit kennt da jemanden, der mir die Kate zu einem guten Preis abkauft."

„Aber dann bauen die da alles voll. Das wolltest du doch nicht ..."

Keeno winkte ab. „Der Käufer hat Grit versprochen,

dass er alles so lässt."

Anneke musste nach hinten, sonst hätte sie Keeno ein paar Takte aus ihrer Lebenserfahrung erzählt. Dass man auf Versprechungen von Leuten, die man nicht kennt, nichts geben sollte.

Grit hatte es erst anders versucht, aber außer Neuseeland war ihr nichts mehr eingefallen. Da hatte Keeno schon früher immer hingewollt.

Am übernächsten Montag saßen sie beim Notar. Der Mann aus Hamburg – „Wissmann", hatte er sich vorgestellt –, Grit und Keeno Mummert, der seine seit fast zweihundert Jahren im Familienbesitz befindliche Kate für den Traum „Grit und Neuseeland" aufgab.

Der Notar leierte seinen Text runter, so schnell, dass Keeno nicht mitbekam, dass die Passage „Der Käufer verpflichtet sich, das Gebäude zu erhalten", die Grit in Keenos Beisein und auf dessen Wunsch in den Entwurf des Vertrages eingefügt hatte, von ihr auch wieder gestrichen worden war, bevor die Sekretärin des Notars ihn abgetippt hatte. Dann war alles unterschrieben und Herr Wissmann sagte: „Gute Arbeit, Frau Wilke!", was Keeno stutzig machte.

„Was meinte der damit?", fragte er Grit später im „Kap Horn".

Sie schwieg, denn sie hatte jetzt ein Problem. „Weiß nicht", antwortete sie. „Du, ich muss morgen nach Hamburg. Wir sehen uns Freitag."

Grits Problem bestand darin, dass sie sich mies fühlte. Nein, sie liebte Keeno nicht, hatte es ihm nur vorgespielt. Und jetzt ... Katzenjammer hoch drei!

Dann gab's Sekt und einen dicken Scheck vom „Großen Boss" persönlich und die Schlüssel für einen neuen

BMW-Dienstwagen. Cabrio mit Ledersitzen, wenn auch mit Firmenlogo auf der Tür. Sie schrieb drei lange Briefe an Keeno mit langen Erklärungen und ihrer Bitte um Verzeihung ... und zerriss sie wieder. Nee, so ging das nicht, sie wollte nicht feige sein. Sie würde ihm das persönlich beibringen.

Freitagmittag fuhr sie nach Sylt. Mit dem neuen BMW. Tolles Wetter und das Dach war offen. Trotzdem brannten ihr die Augen. Sie würde ihm irgendwas erzählen. Dass sie verheiratet wäre und deswegen doch nicht mit ihm nach Neuseeland konnte. Irgend so etwas in der Art.

Keeno schlenderte vom Hafen nach Hause. Die „Adler" und er hatten Feierabend. Fast hätte er sie nicht erkannt. Grit! Sie stieg gerade vor dem Haus ihrer Mutter aus einem neuen Cabrio und er wollte zu ihr gehen. Dann stockte sein Schritt. Da stand „North Sea Residence Entwicklungsgesellschaft" auf der Tür des BMW ...

Keeno wurde kalt und heiß. Langsam drehte er sich um und ging nach Hause.

Grit versuchte es drei Mal an diesem Abend. Ließ es lange läuten, aber Keeno ging nicht ans Telefon. Das ging auch nicht mehr, denn er war abgestürzt. Eine ganze Flasche Küstennebel hatte er dazu gebraucht.

Am nächsten Morgen ging sie mit einer Brötchentüte zu ihm und er ließ sie ein. Keeno war sichtlich angeschlagen, ließ sich aber nichts anmerken. Grit wartete auf den richtigen Moment, und als er sagte: „Lass uns segeln gehen", dachte sie: Auf dem Boot, da geht das leichter.

Sie fuhren nordwärts bis zu der Stelle, wo der Meeresboden steil abfiel. Grit schüttelte sich die blonden Locken in der Sonne aus und sagte: „Du, Keeno ..."

Weiter kam sie nicht, dann traf sie die Winschkurbel und ihr junges Leben war zu Ende. Keeno wickelte die Ankerkette um ihre Beine und warf Grit samt Anker in dreißig Meter tiefes Wasser. Minutenlang stand er reglos da und starrte ins Wasser. Dann fuhr er heim.

Am Sonntag brachte er Jan die Schlüssel für die „Adler". Keeno hatte ihn der Reederei als Nachfolger empfohlen und die war froh gewesen, sofort einen erfahrenen Schiffer zu finden. Er saß den ganzen Abend und die Nacht über in der Küche der Kate und dachte an seine Jugend und an alles Mögliche.

Um kurz nach vier stand er entschlossen auf, nahm seine Reisetasche und klemmte sie auf sein Fahrrad. Dann ging er noch mal in die Küche, schüttete etwas Speiseöl auf den Boden und zündete es an. Sacht verschloss er die Tür und stieg aufs Rad. Als er an der Ecke noch einmal anhielt und zurücksah, flackerte es hinter dem Küchenfenster. Bevor jedoch jemand anderes das Feuer bemerkte und die Feuerwehr alarmierte, war er schon in Westerland, wo er sein Rad am Bahnhof abstellte und den abfahrbereiten Zug bestieg, der ihm Neuseeland ein Stück näherbringen würde.

Die Strömung war stark an dieser Stelle des Meeres. Ebbe und Flut rollten Grit hin und her und die Ankerkette wickelte sich ab. Die nächste Flut nahm sie mit und die Seehunde kamen neugierig näher, drehten aber wieder ab. Sie war zwar so groß wie die Seehunde, aber keine aus ihrem Rudel.

Jan Klüver stand am Ruder der „Adler". Anneke stellte ihm Brötchen und Kaffee auf die Seekarte und er sagte: „Dammich, da doch nich!"

Sie lächelte flüchtig. Daran hatte sich schon mal nichts geändert. Schon von Weitem sah Jan, dass es ein guter Tag für seine Gäste werden würde. Es lagen viele Seehunde auf der Sandbank. Zeit für die Ansage. Er wollte gerade anfangen zu reden, da schrien die Leute an Deck aufgeregt durcheinander. Jan schaute genauer hin und sah die Frau dort liegen.

Wenn Grit das Angebot von Dankert und Thönniesen angenommen hätte, würde sie nicht auf dem nassen Sand liegen müssen. Wahrscheinlich nicht – so genau weiß man das ja nicht.

Rantum

In diesem Ort kommen sich das Watt und die Westküste am nächsten. Nur wenige Hundert Meter trennen die raue Westküste mit ihrem über zwölf Kilometer langen, feinen Sandstrand vom Wattenmeer im Osten. Dazwischen findet man die für die Insel typischen Reetdachhäuser und eine urwüchsige Dünenlandschaft.

Der Rantumer Hafen ist der kleinste der vier auf Sylt befindlichen Häfen. Direkt daran grenzt das „Rantumbecken", eines der artenreichsten Vogelschutzgebiete Norddeutschlands, das unter Naturschutz steht. Sehenswert ist auch die Eidum-Vogelkoje, die früher dem Entenfang diente und heute zu einem Naturerlebnisraum geworden ist. Benannt wurde sie nach dem Ort Eidum, der 1436 in den Fluten versank.

Wer sich sportlich betätigen möchte, kann an dem jährlich im September stattfindenden „Run ums Rantumbecken" teilnehmen, der rund 10 Kilometer lang ist.

Die bekannteste Attraktion im Ort ist seit vielen Jahren wohl das Strandrestaurant „Sansibar", das schon lange einen Kultstatus erreicht hat und viele bekannte und weniger bekannte Besucher anzieht.

RANTUM

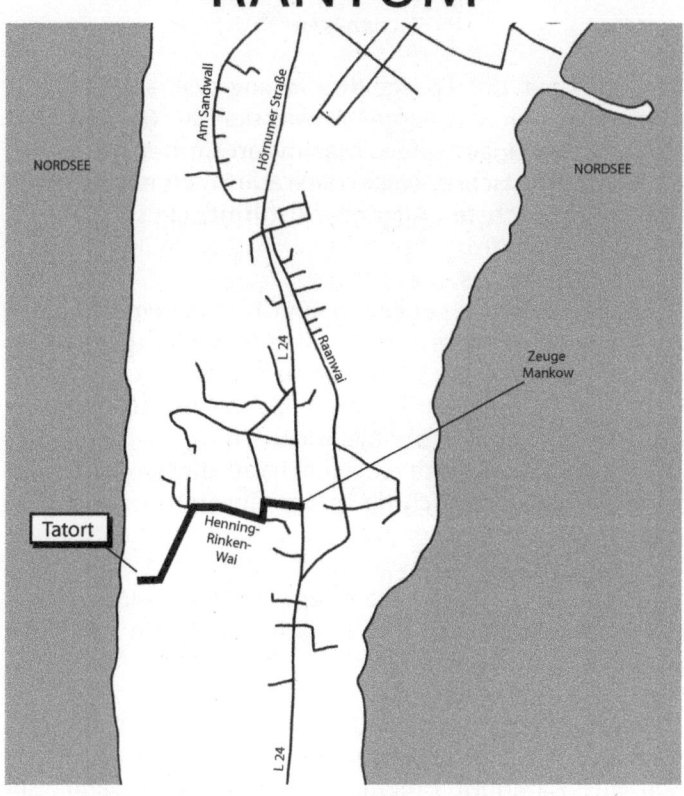

Keine Spuren im Sand ...

Torsten Prawitt

Der Brief mit der Lösegeldforderung war am Montagmorgen in der Hamburger Anwaltskanzlei Gerber, Gerber & Olsau eingetroffen. Maximilian Gerber hörte den entsetzten Aufschrei seiner Sekretärin, als sie die Post öffnete. Im nächsten Augenblick stürmte sie schreckensbleich in sein Büro.

„Herr Gerber, es ... es ...“

Sie verstummte keuchend und hielt ihrem Chef mit starr ausgestrecktem Arm ein Blatt Papier entgegen. Der Anwalt nahm ihr das Schreiben behutsam aus der Hand. Er begann zu lesen und bereits nach wenigen Sekunden trat ihm der Schweiß auf die Stirn.

„Oh nein!“, stöhnte er. „Ich habe ihn gewarnt! Ich habe ihn gewarnt, sich da in der Einsamkeit zu vergraben.“

„Einsamkeit?“, fragte eine knappe Stunde später Kommissar Reinhold Burg und runzelte zweifelnd die Stirn. „Auf Sylt?“

Der Anwalt breitete die Arme aus.

„Ein riesiges Strandgrundstück etwas südlich von Rantum. Nico hat es vor zwei Jahren gekauft, um ab und zu mal aus Hamburg rauszukommen. Ohne Zweifel, die Lage direkt an der See ist traumhaft – frag mich nicht, wie er es angestellt hat, da ranzukommen –, aber ein Mann in seiner Position sollte sich heutzutage sogar dort oben bei euch im verschlafenen Norden lieber in etwas belebteren Gegenden aufhalten.“

Burg brummte zustimmend, die leichte Spitze des seit

vielen Jahren in der pulsierenden Hansestadt lebenden alten Jugendfreundes ignorierend. Einst waren sie gemeinsam auf die Friedrich-Paulsen-Schule im eher beschaulichen Niebüll gegangen, wohin es ihn inzwischen wieder zur dortigen Kriminalpolizei verschlagen hatte.

„Nico Breitenfeld", murmelte er, „millionenschwerer Erbe des Breitenfeld-Imperiums, bekannt für seine unkonventionellen Ansichten. Hasst Empfänge, nichtssagendes Partygeschwätz und Schickimicki-Allüren."

Gerber nickte. „Deshalb wollte er sich ja auch nicht in einer der Sylter Promisiedlungen einkaufen. In Kampen zum Beispiel hätte er es keine zwei Tage ausgehalten." Er zuckte hilflos mit den Achseln. „Das ist jetzt der Preis. Fünf Millionen Euro!"

„Willst du auf die Forderung eingehen?"

Der Anwalt schüttelte den Kopf.

„Ich habe für einen derartigen Fall klare Anweisungen."

„Aber die Drohung, bei Einschaltung der Polizei ..."

„... ist hoffentlich nicht ernst gemeint. Marc ist zwar intelligent, skrupellos und geldgierig, aber nicht gewalttätig. Trotzdem wollte ich dich zunächst einmal sozusagen inoffiziell um Rat fragen. Danke, dass du so schnell gekommen bist."

Burg winkte ab.

„Schon gut. Aber habe ich dich eben richtig verstanden? Du weißt, wer deinen Mandanten entführt haben könnte?"

„Ich bin sogar sicher", erwiderte sein Freund. „Vor einem Jahr hat Nico einen gewissen Marc Goerke als persönlichen Sekretär eingestellt. Intelligenter junger Mann. In irgendeinem kleinen Kaff auch da oben, ich glaube Südwesthörn, direkt an der Küste geboren, später in Husum an der altehrwürdigen Theodor-Storm-Schule Abitur gemacht, betriebswirtschaftliches Studium in Mannheim, Auslandssemester in St. Gallen und so weiter und so weiter. Er war jedenfalls an diesem Wochenende auch mit auf Sylt, weil ich mit einigen wichtigen Papieren hinauskommen sollte."

Burg stieß einen leisen Pfiff aus. „Wann war das?"

„Am Freitagabend."

„Und was macht dich so sicher, dass dieser Marc Goerke etwas mit der Sache zu tun hat?"

„Nico schläft stets bei offenem Fenster", erwiderte der Anwalt und zog den Umschlag, in dem der Erpresserbrief angekommen war, aus der Tasche.

Kommissar Burg unterwarf ihn einer sorgfältigen Untersuchung.

„Ich verstehe", sagte er.

Marc Goerke riss in grenzenloser Überraschung die Augen auf. „Entführt?"

Burg nickte, während er von der Veranda seinen Blick über den breiten Sandstrand schweifen ließ. Nico Breitenfeld hatte seinen Besitz nicht eingezäunt, lediglich ein paar eher diskrete Schilder an beiden Seiten des betreffenden Areals informierten darüber, dass es sich hier um Privatgelände handelte. Doch der Hinweis reichte offenbar aus. Zurzeit saß dort jedenfalls nur eine junge Mutter mit ihrer Tochter unter einem großen Sonnenschirm. Das kleine Mädchen kniete neben einer Gummi-Ente und füllte begeistert einen großen roten Plastikeimer mit Sand, während ein noch größeres gelbes Exemplar umgestülpt daneben stand.

„Ja", sagte Burg und konzentrierte sich wieder auf seine Befragung. „Wann haben Sie Ihren Chef zum letzten Mal gesehen?"

„Warten Sie ... Am Freitagabend! Nachdem Herr Gerber weg war, unternahm Nico noch einen ausgedehnten Strandspaziergang. Ich wollte schon ins Bett, weil ich am nächsten Morgen früh aufstehen musste."

„Aus einem bestimmten Grund?"

„Ja. Nico hat mir großzügigerweise erlaubt, meine Schwägerin Maike und ihre Tochter Laura für eine Woche hierher einzuladen." Das aufgeregte Krähen des kleinen Mädchens, dem seine Mutter gerade ein Eis ausgepackt hatte, war bis zu den beiden Männern zu hören.

„Sie sind also am Sonnabendmorgen ..."

„... nach Fuhlsbüttel gefahren, um die beiden am Flughafen abzuholen. Sie konnten dann aber erst zwei Tage später kommen. Und weil ich jetzt sowieso eine freie Woche habe und um das erneute Hin- und Hergefahre zu sparen, bin ich gleich in Hamburg geblieben. Vor einer knappen Stunde sind wir dann hier eingetrudelt. Ich war zwar überrascht, noch den Wagen von Nico vorzufinden, ging aber bis zu diesem Moment davon aus, dass er sich spontan entschlossen hatte, noch einen Tag länger hierzubleiben, und dass er gerade wieder einen Spaziergang machte."

Burg starrte nachdenklich auf den Strand.

„Sie haben am Sonnabend nicht zufällig diesen Brief in die Stadt mitgenommen?", erkundigte er sich beiläufig.

„Ist das die Lösegeldforderung?", fragte Goerke interessiert zurück.

„Genau. Auf klassische Weise aus Zeitungsschnipseln zusammengesetzt."

„So was lässt sich wohl kaum zurückverfolgen, was?", vermutete der Privatsekretär voller Mitgefühl. „Ich meine, die Reste der benutzten Zeitung ..."

„Sie sagen es", seufzte Burg wehmütig und wies auf den großen Steinkamin am einen Ende der Veranda, in dem der Wind mit ein paar Aschenkrümeln spielte.

„Wie kommen Sie überhaupt darauf, dass er hier ... äh ... entstanden sein könnte?"

„Die Gummierung des Umschlages hielt wegen der hohen Luftfeuchtigkeit im Haus offenbar nicht mehr von selbst und deshalb wurde zusätzlich ein Klebestreifen benutzt."

„Und?"

„Wenn Sie genau hinschauen, werden Sie darunter eine ganze Reihe feiner weißer Sandkörner bemerken." Er richtete seine Augen wieder demonstrativ auf den Strand, dessen Anblick in der grellen Mittagssonne fast schmerzte.

Die kleine Laura hatte ihr Eis aufgegessen und machte sich nun an dem großen gelben Eimer zu schaffen. Leicht ungeduldig wurde sie fortgezogen und an das rote Exemplar gesetzt, denn ihre Mutter hatte den umgestülpten gelben als Tischersatz für ihre Sonnencreme und die Getränkedosen umfunktioniert.

„Sie behaupten also, ich hätte Nico entführt?"

Der Kommissar erwiderte nichts.

„Und wo, meinen Sie, halte ich ihn gefangen? Hier im Haus wäre es ja wohl etwas leichtsinnig."

Burg zuckte mit den Achseln. „Vielleicht haben Sie ihn aufs Festland geschafft."

„Da fragen Sie mal den alten Rüdi Mankow. Der wohnt in der Stiindeelke kurz vor der Einmündung zur Hauptstraße. Dem entgeht nichts."

„Sie könnten Ihren Chef betäubt haben."

„Ich verstehe. Und ihn dann im Kofferraum abtransportiert haben."

„Zum Beispiel."

Marc grinste. „Hm. Da gibt es bloß leider eine Schwierigkeit ..."

„Und die wäre?"

„Ich besitze nur ein Motorrad." Er klopfte Burg tröstend auf die Schulter. „Nehmen Sie's nicht so tragisch, Herr Kommissar." Er griff in die Jackentasche. „Hier, da haben Sie den Beweis nicht nur schwarz auf weiß, sondern sogar in Farbe."

Das Bild auf dem Handy-Display zeigte seine Schwägerin, die noch auf dem Sozius der schweren Maschine saß, vor sich die kleine Laura.

„Die glückliche Ankunft", kommentierte Goerke übertrieben gefühlvoll. „Wie Sie sehen, war die Anreise zwar etwas schwierig mit dem ganzen Gepäck, aber irgendwie haben wir ja alles mitgekriegt." Er öffnete auffordernd die Terrassentür. Eine frische Brise wehte von England her heran. „Wenn Sie also keine Fragen mehr haben ..."

„Er hat mich dann nach diesem eiskalten Rausschmiss doch noch geradezu gedrängt, zum Abschluss das ganze Haus zu durchsuchen", knirschte Burg. Das Ergebnis war natürlich gleich null." Krachend ließ er sich in den Besuchersessel des Anwaltsbüros fallen. „Vielleicht ist er doch nicht der Entführer."

„Er ist es", beharrte Maximilian Gerber auf seiner Überzeugung.

„Aber es gibt dort weit und breit keine Möglichkeit, jemanden zu verstecken. Nichts als endlos weiter platter Strand. Und umgebracht und verscharrt haben kann er ihn auch nicht. Schließlich muss er damit rechnen, dass du ein Lebenszeichen verlangst, ehe das Lösegeld fließt."

„Richtig", stimmte ihm sein Freund zu.

„Andererseits kann er ihn genauso wenig weggebracht haben. Der Zeuge, auf den er sich beruft ...“

„Dieser ... äh ... Rüdiger Mankow?“

„Genau. Der hat tatsächlich bestätigt, dass unser Unschuldsengel nur über das Motorrad verfügt und mit dem am Sonnabendmorgen vom Strand angefahren kam und erst am Montag mit seinen Gästen zurückkehrte.“

„Und dieser Aussage kann man vertrauen?“

Burg grinste trotz seines Ärgers. „Ich sage nur ein Wort: Rentner. Der hat die Straße vor seinem Haus im Blick wie früher ein Volkspolizist den Grenzübergang nach Ostberlin. Nein, dieses verdammte Foto zeigt dummerweise wirklich, wie die drei auf dem Motorrad mit Sack und Pack angekommen sind. Marc samt Schwägerin, Nichte, Gummi-Ente ...“ Er verstummte plötzlich. Im nächsten Moment war er auf den Beinen.

„Komm!“, rief er und stürzte aus dem Zimmer.

„Schon wieder Sie, Kommissar?“ Marc Goerke zeigte sich nicht sehr erfreut. „Hallo Herr Gerber.“

Der Anwalt starrte ihn grimmig an. „Wo halten Sie Nico gefangen, Sie ...“

„Bitte, nicht so laut. Laura schläft schon.“

Burg bereitete dem Wortwechsel ungeduldig ein Ende.

„Herr Goerke, Sie hätten mir das Foto nicht zeigen sollen.“

„Das Foto?“

„Es wurde unmittelbar bei der Ankunft hier auf Sylt gemacht, sagten Sie?“

„Ja. Und wenn Sie genau hinschauen, sind im Hintergrund ...“

„Es ist also das gesamte Gepäck darauf zu sehen, das

Ihre Schwägerin für sich und Laura mitgebracht hat?"

„Ja doch!"

„Bis dahin gab es keinerlei Spielsachen hier im Haus?"

„Nein." Marc Goerke begann plötzlich nervös mit den Augen zu flackern. „Das heißt ..."

„Ja?"

Er schwieg.

„Sie wissen jetzt nicht, ob Sie von sich aus den großen gelben Spielzeugeimer erwähnen sollen. Der ist nämlich auf dem Bild nicht zu sehen. Stimmt's? Weil er sich schon seit Freitagnacht dort unten am Strand befindet." Ohne eine Antwort abzuwarten, drängte sich der Kommissar ins Haus. „Kommen Sie mit auf die Terrasse! Und glauben Sie mir", wandte er sich an den Privatsekretär, „ein Fluchtversuch ist zwecklos. Meine Kollegen warten draußen auf Sie und Ihre Schwägerin."

„Was hat Maike mit der Sache zu tun?", protestierte Marc Goerke empört.

„Das habe ich mich zunächst auch gefragt", gab Burg zu, während sie gemeinsam die Zimmer durchquerten. „Denn wenn Sie wirklich der Täter waren, warum sollten Sie sich dann ausgerechnet jetzt Ihre Schwägerin und vor allem das Kind herholen? Bis mir vorhin die Antwort einfiel: Tarnung." Scheinbar ohne jeden Zusammenhang fuhr er fort: „Wussten Sie, dass die Nordsee früher ein beliebtes Piratenrevier war, Herr Goerke? Sind Sie dadurch auf den Gedanken gebracht worden?"

Sie traten auf die Terrasse hinaus, von wo aus der Kommissar auf den verwaisten Sonnenschirm zeigte. Dort beugte sich gerade ein Polizeibeamter vor und hob vorsichtig den umgestülpten großen gelben Spielzeugeimer an. Der Anwalt stieß einen entsetzten Schrei aus, als auf dem Sand darunter ein Kopf zum Vorschein kam.

Doch dann bewegte sich dieser Kopf schwach hin und her. Burg schnaufte zufrieden.

„Nachdem du am Freitagabend hier weggefahren warst, Maximilian, hat Herr Goerke seinen Arbeitgeber betäubt, an den Strand geschafft, gefesselt und geknebelt und ihn dann senkrecht bis zum Hals eingegraben." Er wandte sich dem Privatsekretär zu. „Wie es einst die Piraten manchmal mit ihren Gefangenen gemacht haben, allerdings um sie dann bei Flut elendig ertrinken zu lassen. Sie können sich freuen, Herr Goerke – wir beschränken uns heutzutage auf ein Paar Handschellen und eine trockene Gefängniszelle."

Tinnum

Der zentral gelegene Ort eignet sich mit seiner ländlichen Struktur hervorragend zum Radfahren und Wandern. Hierzu bieten sich besonders die „Tinnumer Wiesen" an, die sich bis zum „Rantumbecken" erstrecken.

Inmitten der Wiesen gibt es auch ein Stück Sylter Geschichte zu entdecken: die Tinnum-Burg. Die kreisförmige Wallanlage wurde in der Zeit um Christi Geburt errichtet und diente als germanische Kultstätte. Ihre Funktion als Treffpunkt hat sie auch heute noch: Die Tinnumer zünden hier am 21. Februar ihr Biike-Feuer an.

Einen Ausflug ist auch der familiär geführte Tierpark wert, der mit seinen 300 einheimischen und fremdländischen Bewohnern besonders bei Familien mit Kindern sehr beliebt ist.

Neben Natur und Kultur gibt es aber auch eine Vielzahl von Einkaufsmöglichkeiten. Nördlich der Bahntrasse nach Westerland, welche durch den Ort führt, liegt das Gewerbegebiet. Hier findet man Outlet-Stores, Einrichtungshäuser und, nicht zu vergessen, die Sylter Schokoladenmanufaktur, die sogar ein Schokoladenseminar anbietet.

TINNUM

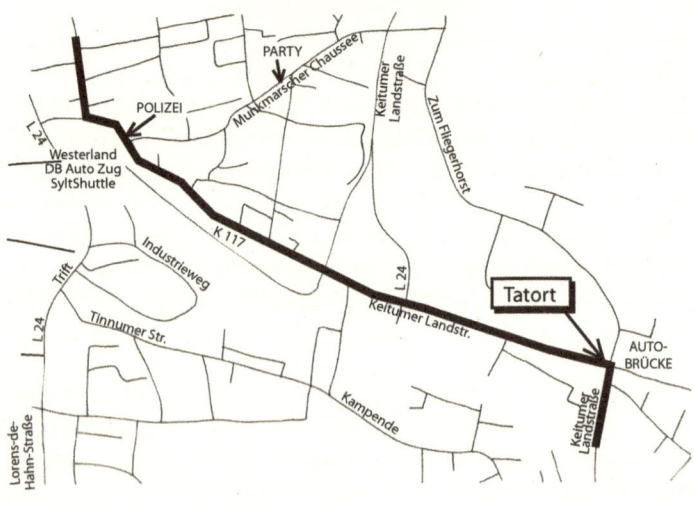

Die letzte Reise

Bettina Dethloff

„Jack, komm sofort wieder her!" Entsetzt folgten Heikes Augen ihrem dreijährigen Retriever-Rüden. Der Hund war eigentlich immer sehr folgsam, doch nun lief er schnurstracks unter der Tinnumer Autobrücke hindurch auf die Bahngleise zu. Sie waren vor drei Monaten bei der Sylter Rettungshundestaffel eingetreten und ihr Schützling zeigte großes Talent. Allerdings musste Jack noch lernen, dass er erst suchen gehen durfte, wenn er das Kommando dazu bekam.

„Jack! Hier!", brüllte sie und sah sich gehetzt um. Es war jedoch noch sehr früh und der erste Zug würde erst in einer Viertelstunde vorbeifahren, sie sah ihn jeden Tag, wenn sie zum Frühdienst musste.

Jack blickte zu ihr hinüber, blieb aber auf den Gleisen sitzen und hörte nicht auf, laut zu bellen. Sie ging zu ihm und sah den Grund: Vor ihm lag etwas. Besser gesagt: jemand. Mechanisch nahm sie ihren Hund an die Leine, lobte ihn kurz und zog dann eilig ihr Handy aus der Jackentasche. Während sie die Gleise verließen, trabte Jack brav neben ihr her und schaute immer wieder zu seinem Frauchen hoch, verwundert, dass sie so wenig Begeisterung für seine erfolgreiche Arbeit zeigte.

Als der Notruf bei der „Leitstelle Nord" einging, klang die Stimme der jungen Frau ruhig und gefasst.

Innerhalb weniger Minuten waren die Rettungskräfte eingetroffen und nun wandte sich der Notarzt an Heike. Ihr wurde gerade erst die ganze Tragweite bewusst und sie fing erbärmlich an zu zittern. Immer wieder streichelte sie Jack und murmelte: „Fein gemacht. Und ich hab auch noch mit dir geschimpft."

Zwei Feuerwehrmänner kamen hinzu und wechselten einen schnellen Blick mit dem Arzt. Dieser nickte. Und so zog einer der Rettungskräfte Heike auf die Beine und legte tröstend einen Arm um ihre Schulter, der andere nahm ihr Jacks Leine aus der Hand. Im Einsatzfahrzeug fuhren sie die beiden nach Hause, doch weder Hund noch Frau nahmen das so richtig wahr.

„Mensch, das sieht mir nicht nach einem Selbstmord aus!" Kommissar Christian Merkle strich sich mit Daumen und Zeigefinger über das Kinn. Er saß beinahe unbeweglich da, doch sein hellwacher Blick huschte zwischen den Kollegen hin und her und zeigte, wie angespannt er tatsächlich war.

„Kein Abschiedsbrief, keine Andeutungen innerhalb der Familie. Keinerlei Hinweis innerhalb des Freundeskreises."

„Moment!", rief seine Kollegin Sigrid energisch. „Dieser sogenannte Freundeskreis äußerte sich nur sehr verhalten, und soweit ich das herausgehört habe, war unser Opfer nicht gerade beliebt. Er wurde wohl gern mal verbal hin und her geschubst und konnte sich dagegen nur schwer wehren."

„Aber deshalb springt man nicht gleich von der Brücke."

Alle schwiegen und stellten ihre eigenen Überlegungen an. Tat man das nicht? Wie unglücklich war der junge Mann wirklich gewesen? Hatte es vielleicht noch andere Probleme gegeben? Seine Mutter hatten sie noch nicht anhören können, sie lebte in Süddeutschland. Ihr Sohn hatte einen Saisonjob in der Gastronomie angenommen und war vor vier Monaten nach Tinnum in eine winzige Wohnung gezogen.

Später sollten sie erfahren, dass das zwanzigjährige Opfer Tobias hieß und offenbar ein gutes Verhältnis zu seinen Eltern und seiner jüngeren Schwester gehabt hatte. Wie so viele junge Leute wollte er auf Sylt Erfahrungen in der Gastronomie sammeln.

Der Alkoholtest ergab, dass Tobias kurz vor seinem Tod Alkohol getrunken hatte, aber nicht viel: „Vielleicht ein Bier", so der Pathologe. „Der Junge war nicht betrunken, es gibt auch keine Hinweise auf Drogen oder Medikamentenmissbrauch."

Sie tappten weiterhin im Dunkeln.

„Verdammt! Was machen wir jetzt?" Der junge Mann mit dem Käppi lief aufgeregt hin und her und gestikulierte wild mit den Armen. Auf seinem fahlen Gesicht sammelten sich feine kalte Schweißperlen. Neben ihm standen zwei Autos älteren Modells. Ein wesentlich ruhigerer Mann, der einige Jahre älter war, saß auf einem Baumstamm und beobachtete seinen Freund gelangweilt.

„Jetzt entspann dich! Das ist ja nicht auszuhalten!"

Sie befanden sich auf einer kleinen Waldlichtung, nahe am Rantum Becken, weit und breit war kein Mensch zu sehen. Der Ältere stand behäbig auf und zog aus einem der Autos zwei Bierflaschen. Er öffnete eine Flasche mit seinem Feuerzeug, schlenderte lässig zu seinem Kumpel, legte ihm eine Hand auf die Schulter und gab sie ihm. Dieser trank hastig, verschluckte sich und fluchte laut. Der andere grinste.

Bald darauf saßen beide einträchtig nebeneinander und grölten Lieder mit falschen Texten. Zwei Stunden später fuhren sie nach Hause.

„Oh nein, bitte nicht!" Susanne Esberg schrie die Worte hinaus und sah den Polizisten entsetzt an. „Bitte nicht, bitte nicht!"

„Setzen Sie sich doch erst mal", forderte Christian Merkle sie auf. „Sie hatten ein enges Verhältnis zum Opfer?"

Die junge Frau nickte. „Er hatte immer ein wenig Heimweh, und als die anderen das mitbekamen, haben sie ziemlich auf ihm herumgehackt."

„Wie sah das aus?"

Sie schluchzte. „Immer wieder stichelten sie herum. ‚Wann siehst du denn Mama und Papa wieder?', oder kurz vor Feierabend: ‚Na, wer liest dir denn heute deine Gutenachtgeschichte vor?' So etwas in der Art."

„Kam er denn nicht zurecht – privat und im Job?"

„Doch, total gut sogar! Die Gäste mochten ihn, der Chef auch. Und er hatte keinerlei Probleme mit Haushalt und so … Was man von den anderen nicht sagen kann."

Nun weinte sie heftig. „Er hat offenbar einfach nur seine Familie vermisst!"

Der Kommissar legte ihr beruhigend seine große Hand auf die Schulter. „Waren Sie ein Paar?"

Sie schaute ihn voller Schmerz an und schüttelte den Kopf. Er verstand. „Aber sie wären eins geworden, oder?"

Sie nickte kaum merklich, hielt den Kopf aber gesenkt. „Ich denke ja."

„Können Sie sich vorstellen, dass er Selbstmord begangen hat?"

Diesmal zögerte sie. „Ich weiß nicht. Er hat es hier wirklich nicht leicht gehabt. Aber Selbstmord?" Dann schüttelte sie energisch den Kopf. „Nein! Das hätte er seiner Mutter nicht angetan!"

Die Spurensicherung arbeitete auf Hochtouren, aber bisher hatte man keine Kampfspuren am Tatort gefunden. Sollte Tobias' junge Kollegin sich irren? Die Arbeit während der Hauptsaison in der Sylter Gastronomie ist hart. Verdammt hart. Die Schichten lang. Das kann mit stichelnden Kollegen auf jeden Fall zur Tortur werden. Und Abbrechen würde eine Niederlage bedeuten, ja, es würde sogar bedeuten, die anderen hätten recht mit ihrer „Weichei-Theorie". Er wusste nicht, was er sich wünschen sollte. Dass der junge Mann so unglücklich gewesen war, dass er sich selbst tötete. Oder dass jemand anderes dies erledigt hatte. In solchen Momenten trieb ihn sein Job wirklich zur Verzweiflung.

Tatsächlich fand die Spurensicherung eine leichte Bremsspur oben auf der Brücke. Das war aber auch schon alles. Keine Scherben, keine Lackspuren, einfach gar nichts. So, wie es aussah, würde das Schicksal des jungen Saisonangestellten nie geklärt werden. Einige der Anwohner legten Blumen an das Geländer oben auf der Autobrücke.

Auch Susanne Esberg kam regelmäßig, stets legte sie eine Rose nieder und jedes Mal blieb sie eine Viertelstunde lang an die Brüstung gelehnt stehen und träumte von einer Zukunft, die es nicht geben würde. Denn einer, der in diesem Träumen vorkam, war nicht mehr da. Einfach nicht mehr da.

Einige Tage später wurde sie von einer Kollegin zu einer Geburtstagsparty eingeladen. Susanne hatte wahrlich keine Lust zu feiern, doch andererseits hielt sie es zu Hause nicht mehr aus. Ihre Familie lebte in Bayern und bis auf ein paar neue Freunde hatte sie auf Sylt niemanden.

Die Feier fand in einem kleinen Haus in der Munkmarscher Chaussee statt. Als sie um 20.30 Uhr dort ankam, waren die meisten Gäste schon in bester Partylaune. Einige hatten ganz offensichtlich viel zu viel getrunken, obwohl die Feier gerade erst begonnen hatte. Sie sah nur wenige bekannte Gesichter: zwei Kollegen, das Geburtstagskind und Isabell, eine Freundin aus dem Fitness-Studio.

Letztere kam auf sie zugeschlendert und wies mit ihrem Sektglas in eine Ecke des Raumes: „Sag mal, dein Kollege da drüben, hat der öfter seinen Moralischen?"

Susanne wandte den Kopf und schaute hinüber: „Ach, Mirco ... Der hängt immer mit so einem Idioten aus der Autowerkstatt herum, und wenn sie ein paar Wodka intus haben, spucken sie große Töne." Sie atmete zweimal tief durch. „Er gehört auch zu denen, die Tobias das Leben schwer gemacht haben."

„Na ganz toll." Angewidert drehte Isabell den Männern den Rücken zu und strich Susanne über den Arm. „Komm mit, ich hole uns was zu essen."

Doch Susanne hatte genug, sie verabschiedete sich, während sich Isabell unter die Gäste mischte. Wenig später sah sie Mirco schluchzend auf dem Fußboden hocken.

Er jammerte: „Das wollte ich doch nicht. Wir wollten ihn nur ärgern. Aber doch nicht umbringen!"

Doch niemand hörte ihm zu. Wenn Mirco betrunken war, fing er jedes Mal an zu heulen und erzählte irgendeinen Blödsinn. Das kannten sie alle schon.

Isabell jedoch ließen Mircos Worte nicht los. Am nächsten Morgen fuhr sie zum Westerländer Polizeirevier. „Es geht um den Todesfall an der Tinnumer Autobrücke. Ich möchte eine Aussage machen."

Wenig später saß sie im Büro von Kommissar Merkel.

„Ich werde mir den jungen Mann mal näher ansehen", sagte Merkel, nachdem sie ihm von Mircos Zusammenbruch auf der Party erzählt hatte. Er griff nach seiner Jacke und fuhr zu der Adresse, die Isabell auf einen kleinen Zettel geschrieben hatte.

Erst nach mehrfachem Klingeln öffnete Mirco ihm die Haustür. Er sah ziemlich mitgenommen aus und noch bevor Merkel eine Frage stellen konnte, strömten die Worte nur so aus ihm heraus.

Er gab zu, regelmäßige Rennen veranstaltet zu haben und dass sie in der Unglücksnacht mehrfach über die Brücke gerast seien. Tobias habe dort mit einer Flasche Bier in der Hand auf der Brüstung gesessen.

„Natürlich haben wir gebremst und sind ausgestiegen, um den kleinen Scheißer ein wenig zu ärgern", berichtete Mirco und schüttelte leicht verwundert den Kopf, als er fortfuhr. „Und dann haben wir ihn kaum wiedererkannt. Er hat herumgepöbelt und mir immer wieder mit der Hand gegen den Brustkorb geschlagen. Immer wieder. ‚Schlag doch zurück!', hat er gebrüllt, aber ich hab mich erst zurückgehalten, denn der saß da so gefährlich wackelig auf dem Geländer. Dann meinte Tobias, er würde uns bei der Polizei verpfeifen, weil wir Rennen fahren, und dies auch noch sturzbetrunken."

Er kratzte sich nervös am Hinterkopf. „Wir hatten in der Tat ganz schön was intus und wären beide unseren Lappen losgeworden."

„Und was dann?", fragte Kommissar Merkel leise.

„Ich weiß nicht mehr genau, wie es passierte. Tobias

quatschte und quatschte und ich wollte, dass er endlich aufhört. Dann ... hab ihm wohl einmal mit der Faust gegen die Schulter geschlagen. Jedoch nur ganz leicht!" Kreidebleich und mit aufgerissenen Augen starrte er den Polizisten an. „Aber Mann! Dass der dann gleich abstürzt! Das war auf jeden Fall ein Unfall, oder?"

Fassungslos hielt Susanne den Brief in den Händen. Immer und immer wieder hatte sie ihn gelesen und seinen Inhalt doch kaum begreifen können. Tobias' Mutter hatte ihn ihr wortlos überreicht, ihr Sohn hatte den mit Wachs versiegelten Brief in einen zweiten Umschlag gesteckt und an seine Heimatadresse geschickt mit dem Vermerk, dass seine Mutter ihn Susanne persönlich überreichen möge.

„Eigentlich müsste ich ihn wohl der Polizei geben", erklärte die arme Frau, als die Jüngere ihr die Tür öffnete. „Doch ich will seinen letzten Willen in Ehren halten." Dann wandte sie sich schluchzend ab und ging ohne ein weiteres Wort langsam davon.

„Es tut mir leid, dir dies aufzubürden, doch ich wollte nicht fortgehen, ohne dir Auf Wiedersehen zu sagen", stand auf dem schlichten weißen Papier. „Ich weiß, du liebst mich, doch leider kann ich dich nicht so lieben, wie du es verdienst. Es tut mir leid, denn du bist ein wundervoller Mensch und der Einzige, dem ich vertraue. Du hast meine Ehrlichkeit verdient."

Tobias schrieb weiter von seiner schrecklichen Kindheit und von schlimmen Depressionen: „Es spielt keine Rolle, wo ich lebe und was ich arbeite, vor seinem Unglück kann man nicht weglaufen. Und ich kann auch nicht zurück nach Hause, denn ich habe kein Zuhause. Die heile Familie war nur erfunden, weil ich mich so geschämt habe. Ich wünsche dir von Herzen ganz viel Glück und sage auf immer tschüß!"

Sie ließ den Arm mit dem Brief sinken, als ob die schwere Last der Buchstaben ihn nach unten zog.

Am späten Abend fuhr sie trotz Wind und Regen zur Tinnumer Brücke, ging auf dem Fußgängerweg bis nach oben und schaute in die Ferne.

„Sie haben es verdient", flüsterte sie. „Für dich, Tobias."

Susanne vergewisserte sich, dass niemand in der Nähe war, und öffnete die Faust. Ganz viele winzige Schnipsel fielen hinaus und nahmen die Wahrheit mit auf ihre Reise.

List

Wussten Sie, dass List auf Sylt geografisch der nördlichste Punkt Deutschlands ist? Zusammen mit dem südlichsten (Oberstdorf), dem östlichsten (Görlitz an der Neisse) und dem westlichsten (Selfkant im Maastal) wurde am 3. Oktober 1999 in Wiesbaden der „Zipfelbund" ins Leben gerufen und mit dem „Zipfelpakt" besiegelt.

In List ist auch das Erlebniszentrum Naturgewalten beheimatet, das zehn Jahre nach dem ersten Konzept im Jahre 2009 eröffnet wurde. Hier erhalten Sie eine Antwort auf die Frage, wie schnell eine Wanderdüne wandert oder wie Vögel es schaffen, einen Orkan zu überleben. Das Erlebniszentrum liegt direkt im Lister Hafen und auf 1500 Quadratmetern Ausstellungsfläche und 800 Quadratmetern Außenbereich kann so einiges entdeckt werden.

Im Wattenmeer vor List befindet sich die einzige Austernzucht Deutschlands, in der die „Sylter Royal" reift, die sich großer Beliebtheit erfreut.

Vom Lister Hafen aus besteht eine Fährverbindung zur dänischen Insel Rømø sowie die Möglichkeit zu Ausflugsfahrten zu den Seehundsbänken oder ins Wattenmeer.

LIST

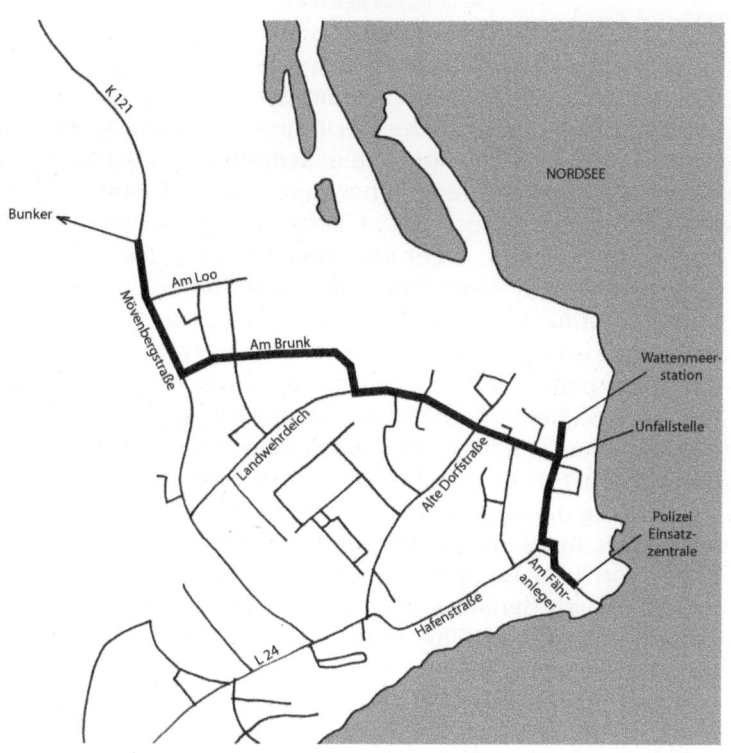

Locked-In

Angelika Waitschies

Timo hatte Angst. Zitternd presste der Fünfjährige seinen heiß geliebten Schlafhasen an den mageren Körper und ließ sich langsam an der rau verputzten Wand zu Boden gleiten. Tränen liefen die schmutzigen Wangen herab, während der Junge über den unebenen Steinboden robbte, um zu der einzigen Lichtquelle in seinem Gefängnis zu gelangen. Als er sah, dass die Kerze, die Onkel Peter vor seinem Weggehen angezündet hatte, fast heruntergebrannt war, begann Timo leise zu wimmern. Er wusste, dass es jetzt nicht mehr lange dauern würde, bis die undurchdringliche Schwärze einsetzte, die er so fürchtete. Zuhause ließ Mama immer eine kleine Lampe brennen, die sie mit einem Tuch abdunkelte. Sie wusste, dass er sonst nicht einschlafen konnte. Sein Vater hatte Timo häufig damit aufgezogen und gesagt, er wäre doch ein großer Junge und große Jungen hätten keine Angst. Aber dann hatte er das Licht doch brennen lassen.

Das Grauen dehnte sich aus, bis es schließlich Timos gesamten Körper erfüllte. Längst hatte es die Erinnerung an Onkel Peters drängende Berührungen überlagert, seinen feuchten Mund und das keuchende Stöhnen, das selbst dann noch von den Wänden widerzuhallen schien, wenn er schon lange von ihm abgelassen hatte.

Die Kerze begann zu flackern. Mit angstvoll geweiteten Augen starrte Timo ins Licht; erst als sich die tanzende Flamme wieder beruhigte, ließ sein rasender Pulsschlag nach. Er zog die Holzkiste heran, in der Onkel Peter das Essen und Mineralwasser verstaute, das er bei jedem seiner Besuche mitbrachte. Der Raum war zu dunkel, um zu erkennen, was sich darin befand, also tastete Timo mit der Hand herum.

Die Kiste war leer.

„Ich denke nicht daran, die Suche abzubrechen. Wir werden Timo finden, und wenn wir jeden Stein noch hundert Mal umdrehen müssen."

Die Stimme von Kriminaloberkommissar Rolf Carstens klang beherrscht; wer ihn kannte, bemerkte allerdings, dass er kurz davor stand, die Fassung zu verlieren. Unbeugsam sah er seinen Vorgesetzten an, der vor zehn Minuten die provisorische Einsatzzentrale betreten hatte, die im Gebäude der Wasserschutzpolizei am Fähranleger untergebracht war. Vor zweieinhalb Wochen hatte die „SoKo Timo" die Räume am Lister Hafen bezogen, nachdem der fünfjährige Timo Brandt während eines Besuches im Erlebniszentrum Naturgewalten Sylt plötzlich verschwunden war.

„Rolf, bitte. Jetzt bleib doch mal sachlich", sagte Frank Sellmer und strich sich über die müden Augen. Wie alle im Raum hatte er in den letzten Wochen über den Rand der Erschöpfung hinaus gearbeitet. „Ich habe nicht gesagt, dass wir abbrechen, sondern nur, dass wir die Suche mit einer verkleinerten Mannschaft fortsetzen."

Sellmer hob die Hand, als er sah, dass Carstens zu einem Widerspruch ansetzte. „Ich weiß, wie nahe dir die Sache geht. Aber wir können nicht ewig mit einer Einsatzstärke von über einhundert Beamten weitermachen. Timo Brandt ist jetzt seit knapp drei Wochen verschwunden. Seitdem haben die Kollegen die ganze Insel durchkämmt. Wir haben Hubschrauber mit Wärmebildkameras eingesetzt und uns letzte Woche sogar die Tornados aus Jagel geholt. Und nichts davon hat bisher zum Erfolg geführt."

„Timo lebt", sagte Carstens mit bebender Stimme. „So schnell gebe ich den Jungen nicht auf."

Sellmer gab seinem Kollegen ein Zeichen, ihm nach draußen zu folgen. Das Medieninteresse hatte in der letzten Woche endlich nachgelassen, so dass sie einige Schritte gehen konnten, ohne sofort von einer neugierigen Pressemeute umlagert zu werden.

„Ich wollte es nicht vor den Kollegen sagen. Bungartz will, dass du die Ermittlungsleitung abgibst." Sellmer sah seinen Kollegen mit einem offenen Blick an. „Du weißt, wie sehr ich dich schätze, Rolf. Aber in diesem Fall muss ich dem Staatsanwalt recht geben. Ich sehe doch, wie die Ermittlungen dich aufreiben. Katrin hat mir gesagt, dass du seit einer Woche nicht mehr zu Hause übernachtest, sondern dir hier in List ein Zimmer in der Pension von Timos Eltern genommen hast."

„Das wird ja immer schöner." Carstens lachte bitter auf. „Jetzt hast du dich nicht nur mit Bungartz gegen mich verschworen, sondern dir auch noch meine Frau ins Boot geholt."

„Hör auf mit diesem Blödsinn. Kein Mensch hat sich gegen dich verschworen. Wir machen uns Sorgen um dich. Deshalb habe ich mit Katrin gesprochen. Sie sieht genau wie ich, wie die Ermittlungen dich mitnehmen. Wir haben Angst, dass du irgendwann zusammenklappst."

„Eine Kindesentführung nimmt jeden Polizisten mit", erwiderte Carstens mit beißender Stimme. „Da dürfte ich ja wohl kaum die Ausnahme sein."

„Rolf, hör auf. Du weißt ganz genau, was ich meine."

„Natürlich weiß ich, was du meinst. Also hör endlich auf, um den heißen Brei rumzureden. Ihr seid der Meinung, dass ich dem Fall nicht gewachsen bin, weil ich vor zehn Jahren dasselbe durchgemacht habe. Ist es nicht so?"

Sellmer ließ sich Zeit mit der Antwort. „Ich glaube, dass du meinst, etwas wiedergutmachen zu müssen. Weil du deinem Kind damals nicht mehr helfen konntest."

Carstens hob die Hände und trat einen Schritt zurück, als er Sellmers mitleidigen Blick gewahrte. „Hör auf mit diesen Sprüchen. Ich kann sie nicht mehr ertragen." Er presste seine Hände auf die Ohren und eilte ohne ein weiteres Wort davon.

Auf Höhe der Alten Tonnenhalle blieb er stehen und versuchte, der Verzweiflung Herr zu werden, die Sellmers Worte in ihm ausgelöst hatten. Aber es gelang ihm nicht und ihm wurde bewusst, dass sein Vorgesetzter recht gehabt hatte. Er versuchte, etwas wiedergutzumachen. Wenn er sich damals nicht so gedankenlos verhalten hätte, wäre Lasse jetzt noch am Leben.

Es war heiß gewesen in diesem April, viel zu heiß für die Jahreszeit. Er war von einer zweiwöchigen Ausbildung nach Hause zurückgekehrt und hatte zuerst seinen dreijährigen Sohn begrüßt, der seinen Vater nur mit einem halbherzigen Blick wahrnahm, weil die vor ihm auf dem Boden liegenden Spielsachen doch so viel interessanter waren. Dann war Carstens mit Martina nach oben gegangen. Die Zeit der Trennung hatte ihr Verlangen geschürt und so hatten sie sich geliebt und alles um sich herum vergessen. Erst sehr viel später waren sie ins Erdgeschoss zurückgekehrt und hatten voller Entsetzen feststellen müssen, dass Lasse verschwunden war.

Die Rekonstruktion der Polizei legte nahe, dass es

Lasse gelungen sein musste, die Terrassentür zu öffnen und ins Freie zu gelangen. Carstens hatte zugeben müssen, dass er nicht mehr sicher war, die Tür nach seiner Ankunft geschlossen zu haben. Wo genau der Junge seinem Mörder in die Arme gelaufen war, ließ sich nicht mehr nachvollziehen. Der fünfundvierzigjährige Arbeitslose behauptete bei seiner Verhaftung, er hätte Lasse im Wald gefunden, allerdings sei der Junge bereits tot gewesen. Was gelogen war, wie die rechtsmedizinische Untersuchung des Dreijährigen ergab. Nach mehreren Vernehmungen brach der Mann schließlich zusammen und gab zu, den Jungen missbraucht und aus Angst vor Entdeckung getötet zu haben.

Die Ehe von Rolf und Martina Carstens hielt dem Unglück nicht stand. Sie waren nicht in der Lage, sich Trost zu spenden, sondern spannen sich jeder für sich in einen dichten Kokon aus Trauer und Leid, zu dem sie dem anderen jeglichen Zutritt verwehrten. Zwei Jahre nach dem Tod ihres einzigen Kindes wurden sie geschieden.

Erst die Bekanntschaft mit Katrin Schuberth gab Rolf Carstens seinen Lebensmut zurück. Seit zwei Jahren waren sie jetzt verheiratet, aber ihrem Kinderwunsch hatte er sich bisher widersetzt.

Der verrostete Pick-up von Peter Döblin rumpelte über die K 121, die vom Ortsausgang List zum Ellenbogen führte. In den vergangenen Tagen hatte es ununterbrochen geregnet, was dem Zustand der Straße nicht zuträglich gewesen war. Schlaglöcher hatten sich gebildet, überall stand das Wasser.

„Was zum Teufel ...?"

Die plötzliche Erschütterung des Wagens und das unheilvolle Knirschen rissen Döblin aus seinen Gedanken.

Erschrocken blickte er auf und musste feststellen, dass der Wagen leicht zur Seite geneigt stand und der Motor ausgegangen war. Wie es aussah, war er mit dem rechten Vorderreifen in einem Schlagloch gelandet. Mit einem Fluch versuchte Döblin, den Motor wieder zu starten, was ihm erst nach mehreren Versuchen gelang. Doch so sehr er sich auch bemühte, er schaffte es nicht, den Wagen aus dem Schlagloch herauszubekommen. Aufgebracht öffnete er die Fahrertür, stieg aus und ging um den Wagen herum. Vielleicht befand sich etwas auf der Ladefläche, was er als Hilfsmittel einsetzen konnte. Während sein Blick suchend umherirrte, entdeckte er plötzlich die beiden Einkaufstüten und das Sixpack Mineralwasser, die sich halb verborgen unter einer Plane befanden.

Scheiße! Er hatte vergessen, die Sachen bei Timo zu lassen. Das Weinen des Jungen war am Ende nicht mehr auszuhalten gewesen; seine Abwehr, die sich von Mal zu Mal verstärkte, hatte Döblin gekränkt. Sie waren doch gute Freunde, verdammt! Sie gehörten zusammen, er liebte Timo und wollte ihn vor dem Bösen dieser Welt beschützen. Warum begriff der Junge das denn nicht endlich?

Ein Lächeln überzog Döblins Gesicht, als er sich an seine erste Begegnung mit Timo erinnerte. Er war in das Nachbarhaus gezogen und hatte bei der Gartenarbeit zufällig bemerkt, wie der kleine blonde Junge seinem Ball hinterherlief, der auf die Straße gerollt war. Timo hatte das näher kommende Auto nicht gesehen. In letzter Sekunde war es Döblin gelungen, den Jungen von der Straße wegzureißen, während der erschrockene Fahrer eine Vollbremsung hinlegte.

Das lag jetzt ein Jahr zurück, und seitdem war Döblin mit Timo und seinen Eltern, die immer wieder beteuerten, ein Leben lang in seiner Schuld zu stehen, befreundet.

„Kann ich Ihnen helfen?"

Döblin fuhr zusammen, als er die Stimme hinter sich vernahm. Mit zusammengekniffenen Augen musterte er den Mann, der schnellen Schrittes auf ihn zukam, und spürte, wie sich Eiseskälte in seinem Körper ausbreitete.

Zwei Stunden später kehrte Rolf Carstens in die Einsatzzentrale zurück. Der flotte Fußmarsch hatte ihm gutgetan, die Begegnung mit Döblin, den er von einigen Befragungen her kannte, irritierte ihn allerdings noch immer. Döblin war sichtlich erschrocken gewesen und hatte das Hilfsangebot mit der Begründung abgelehnt, er hätte bereits einen Abschleppdienst gerufen, der sicherlich jeden Moment eintreffen würde. Carstens hatte das deutliche Gefühl gehabt, dass der Mann ihn loswerden wollte.

Er erzählte seinem Vorgesetzten von der Begegnung, froh darüber, dass dieser das vorangegangene Gespräch nicht mehr erwähnte. Sie beschlossen, Döblins Daten noch einmal durch den Computer zu jagen.

„Irgendwas war komisch mit dem Mann", murmelte Carstens und starrte gebannt auf den Bildschirm.

„Aber du hast doch gesagt, dass es bis jetzt keinerlei Verdachtsmomente gegen ihn gab", warf Sellmer ein.

„Das ist richtig. Aber das muss ja nicht immer was bedeuten."

„Hilf meinem alten Gedächtnis noch mal auf die Sprünge", bat Sellmer. „Ich habe in den letzten Tagen so viele Protokolle gelesen und kann mich beim besten Willen nicht mehr an diesen Döblin erinnern."

„Der Mann hat bis vor einem Jahr in Hannover gelebt und dort in einem Malerfachbetrieb gearbeitet. Nach dem Tod seiner Tante hat er ihr Haus hier in List geerbt.

Es liegt direkt neben dem Grundstück von Timos Eltern. Döblin ist hergezogen und hat sich als Maler selbstständig gemacht."

„Wie ist sein Familienstand?"

Carstens schaute in die Akte neben dem Computer. „Er ist geschieden und kinderlos. Ansonsten ist der Mann ein unbeschriebenes Blatt."

„Wenn er neben Timos Eltern wohnt, dürfte er die Familie ja ganz gut kennen", überlegte Sellmer.

„Er ist sogar mit ihnen befreundet. Deshalb haben wir ihn ja auch besonders unter die Lupe genommen, wie das gesamte Umfeld der Familie. Aber die Brandts lassen nichts auf ihn kommen, schließlich hat er Timo das Leben gerettet." Carstens erzählte Sellmer von dem ein Jahr zurückliegenden Vorfall. Dann griff er zum Branchenbuch, das auf einem kleinen Tisch neben der Kaffeemaschine lag. „Jetzt wollen wir doch mal sehen, ob das mit dem Abschleppdienst gestimmt hat."

Der Polizist hatte einen Verdacht. Da war sich Döblin ganz sicher. Es war die Art, wie er ihn gemustert hatte, diese angespannte Aufmerksamkeit, als er langsam um den Pick-up herumgegangen war und dabei das Fahrerhaus und die Ladefläche in Augenschein genommen und zum Schluss sogar einen Blick unter die Plane geworfen hatte. Deshalb hatte er auch die Sache mit dem Abschleppdienst erfunden und Blut und Tränen geschwitzt, als der Polizist nicht sofort gegangen war, sondern versucht hatte, ihn in ein Gespräch zu verwickeln. Erst das Klingeln seines Handys hatte die Aufmerksamkeit des Kripobeamten auf etwas anderes gelenkt, denn nach Beendigung des Gespräches war er sofort gegangen.

Döblin startete den Motor und versuchte mit leichten

Vor- und Rückwärtsbewegungen den Wagen aus dem Schlagloch herauszuschaukeln. Als es ihm schließlich gelang, hätte er vor Erleichterung fast aufgeschluchzt.

Sollte er noch einmal zu Timo zurückfahren? Nein, das wäre zu riskant. Bis jetzt wusste niemand etwas von dem alten Bunker, dessen Eingang gut versteckt im Lister Dünengebiet lag. Nachdem er Timo dorthin gebracht hatte, hatte Döblin zusätzliches Gestrüpp vor die tiefgelegene Tür geschafft, damit auch wirklich niemand auf sie aufmerksam wurde.

Döblin merkte, wie er ins Schwitzen geriet, als er sich an seinen hastigen Aufbruch erinnerte. Hatte er den Eingang gut genug getarnt? Sollte er nicht doch ...? Nein, rief er sich energisch zur Ordnung. Selbst wenn er diesmal etwas schlampiger gewesen war, die Polizei hatte das Gebiet bereits zweimal durchkämmt, wie er von Timos Eltern wusste. Dank der Gespräche mit ihnen war er immer auf dem Laufenden, was den Stand der Ermittlungen betraf. Döblin tippte das Gaspedal an und der Wagen setzte sich langsam in Bewegung. Der Rest des Weges war besser, aber trotzdem dauerte es einige Zeit, bis er endlich wieder Gas geben konnte.

Er würde am nächsten Tag zu Timo fahren, auch wenn er aus Angst vor Entdeckung normalerweise mehrere Tage zwischen seinen Besuchen verstreichen ließ. Aber das schlechte Gewissen peinigte ihn, denn schließlich hatte er den Jungen ohne Essen und Trinken zurückgelassen. Als Wiedergutmachung würde er Timo einige Tafeln seiner Lieblingsschokolade und eine große Portion Vanilleeis mitbringen. Wenn er sich jetzt beeilte, konnte er noch den Supermarkt in der Hafenstraße erreichen, bevor dieser schloss.

Der Audi Spyder kam aus Richtung Wattenmeerstation und erwischte Döblins Pick-up, als er gerade von der Alten Dorfstraße in die Hafenstraße einbiegen wollte. Dass Döblin den Zusammenstoß überlebte, grenzte an ein Wunder angesichts der Tatsache, dass der Audi mit knapp einhundert Stundenkilometern in seinen Pick-up hineingerast war. Der Fahrer des Sportwagens starb noch am Unfallort und Döblin wurde mit dem Rettungshubschrauber in die Nordseeklinik in Westerland geflogen.

Am Abend kehrte Rolf Carstens in die Pension von Timos Eltern zurück. Seine Nachforschungen über Döblin hatten keine neuen Erkenntnisse zutage gefördert, außer der Tatsache, dass der Mann gelogen hatte, was den Abschleppdienst betraf. Weil sein ungutes Gefühl ihn nicht zur Ruhe kommen ließ, hatte Carstens angeordnet, dass das Dünengebiet, in dem er Döblin begegnet war, bei Tagesanbruch ein weiteres Mal durchsucht werden sollte. Kaum hatte Carstens das Haus betreten, erfuhr er durch Sören Brandt von Döblins Unfall. Das Krankenhaus hatte Timos Vater benachrichtigt, da in Döblins Brieftasche ein Zettel gefunden worden war, dass die Familie Brandt in einem Notfall informiert werden sollte.

Sören Brandt bat Carstens ins Wohnzimmer. „Die Krankenschwester hat gesagt, dass in der Brieftasche auch einige Kinderbilder waren. Meine Frau und ich haben uns gewundert, denn Peter hat ja immer gesagt, dass er keine Kinder hat. Haben Sie etwas …?"

„Was für Kinderbilder?", unterbrach Carstens ihn brüsk.

„Fotos von einem kleinen blonden Jungen", sagte Sören Brandt. Ein langsames Begreifen begann in seinen

Augen zu dämmern, als er Carstens entsetztem Blick begegnete, der das Handy bereits in der Hand hielt. Eine knappe halbe Stunde später waren die Beamten der Suchmannschaft, die eigentlich erst am nächsten Morgen mit ihrem Einsatz gerechnet hatten, informiert und zur Einsatzzentrale am Lister Hafen beordert worden. Als Carstens ebenfalls dort eintraf, waren bereits alle vor Ort und machten sich nach einer kurzen Lagebesprechung auf den Weg.

Die Weißkittel starren mich an, als wäre ich ein seltenes Insekt. Sie haben sich um das Fußende des Bettes gescharrt; ihre neugierigen Blicke verstärken meine Angst.

„Herr Döblin hat ein schweres Schädel-Hirn-Trauma erlitten", sagt der Kahlkopf mit der dunklen Hornbrille, den sie ehrfürchtig „Herr Professor" nennen. „Als Folge davon leidet er an einem Locked-In-Syndrom." Seine Stimme klingt bedeutungsvoll, mit ernster Miene schaut er in die Runde.

„Und was bedeutet das, Herr Professor?", fragt eine junge Frau neben ihm.

Timo ... er hat nichts zu essen ...

„Der Körper von Herrn Döblin ist vollständig gelähmt, er ist quasi darin gefangen. Trotzdem bekommt der Patient alles mit, was um ihn herum geschieht. Er ist allerdings nur durch minimalste Augenbewegungen in der Lage, sich verständlich zu machen."

„Ist dieses Syndrom heilbar?", fragt ein pickliger junger Mann und rückt seine Brille zurecht.

Timo ... ich muss ihnen sagen, wo du bist ...

Ich sehe, wie der Professor zu einer Antwort ansetzt, aber dann tritt ein schuldbewusster Blick in seine Augen, als wäre ihm auf einmal die Bedeutung seiner letzten

Worte klar geworden. Er neigt sich dem Fragesteller zu und hebt ganz leicht die Schultern, als wolle er mit dieser Geste eine Art von Bedauern ausdrücken.

Ich muss seinen Blick einfangen, die Blicke der anderen, sie müssen es erfahren und Timo helfen. Aber der Vortrag scheint beendet, sie wenden sich ab und verlassen den Raum.

Timo ... mein Gott, Timo ... das habe ich nicht gewollt ... ich wollte doch nur endlich jemanden für mich ... für mich ganz allein ... jemanden, der für immer bei mir bleibt, den ich liebhaben kann ...

Timo ...

LIST-KLAPPHOLTTAL

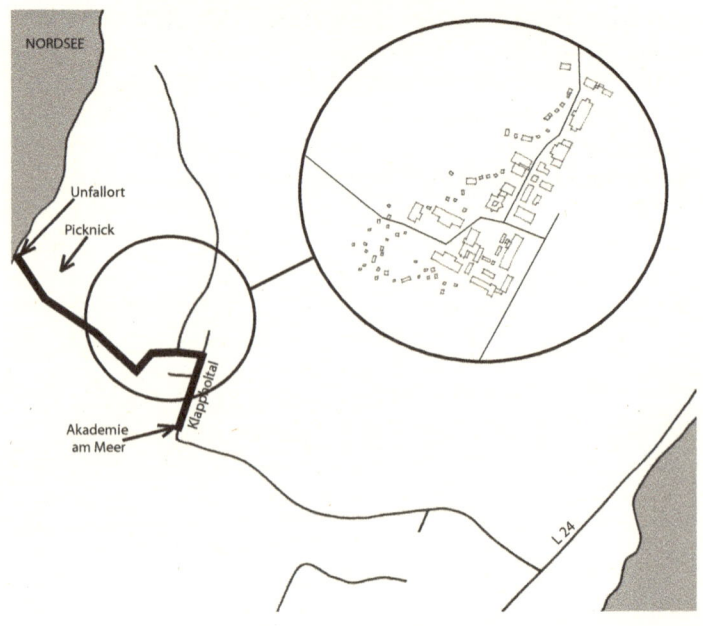

Schweres Gepäck

Monika Buttler

Der Hass trieb sie nach Norden. Von Hamburg nach Sylt. Dort würde sie ihn stellen. In der „Akademie am Meer" in Klappholttal gab er auch diesen Sommer seinen Kurs über die „Heilkraft der Steine".

Sie sah sie vor sich, die Weiber, die sich an seinen gebräunten, sehnigen Körper drängten, es kaum erwarten konnten, dass er ihnen einen Malachit oder Rosenquarz auf die mehr oder weniger verwelkten Dekolletés legte. Natürlich zu rein medizinischen Zwecken. Sie war ja selbst so ein dumm beseligtes Weib gewesen, als sie auf seine esoterische Berührungsmasche hereingefallen und ihm auf sein Zimmer gefolgt war. Ein Jahr war das nun her.

Jetzt saß sie in der Nord-Ostsee-Bahn und rollte Westerland entgegen. Grünes Weideland flog vorüber, doch sie nahm es nicht wahr. Sie hörte nach innen, auf dieses „Hass, Hass, Hass", das im Takt der Waggons mit ihr vorwärts schwang. Sie hatte keine Wahl. Liebe will sich erfüllen, und Hass will sich erfüllen. Wie ein Orgasmus, dachte sie. Berauschend und nicht mehr aufzuhalten.

Sie hielt die Handtasche auf ihrem Schoß, wickelte die Gurte um ihr Handgelenk. Keine Sekunde würde sie ihre Last allein lassen. Sie hatte überlegt, welche Tasche sie nehmen sollte. Sie mochte Pink. Aber angesichts der Tragödie konnte es natürlich nur Schwarz sein. Ein tiefes, nicht mehr steigerbares Schwarz.

Ankunft Westerland. Auf dem Bahnsteig schlug ihr Hitze auf den Kopf, Augustlicht fiel ihr blendend in die Augen. Im Laufschritt zog sie ihr Gepäck zum Ausgang.

Ach, der alte, kleine Bahnhof, auf dem Vorplatz begrüßten giftgrüne Skulpturen die Touristen. Schnell zum Taxistand. Gut, dass der Fahrer ein Schweiger war. Ihre Abwehr funktionierte wohl: Sonnenbrille à la Victoria Beckham, die weißblond gesträhnten Haare ein schützender Vorhang.

Rund zwölf Kilometer bis Klappholttal, auf der Straße nach Norden. „Ihr" Sylt begann erst hinter Kampen: links, besäumt von Heidekraut, die wellig weißen Dünen, rechts das schlickige Grau des Wattenmeeres. Sie würde das alles noch auskosten. Später. Danach. Wenn getan war, was getan werden musste.

Das Taxi bog zu einem Privatweg ab. Ihr Herz begann zu hämmern – gleich würde sie ihm gegenüberstehen. Die Akademie lag vor ihr. Einfache Häuschen mit braunem Dach – es sollten an die achtzig sein – duckten sich ins Buschwerk eines sandigen Tals. Klappholttal. Sie hatte darüber gelesen: Mitte des 19. Jahrhunderts, beim Aufforsten gegen den Sandflug, pflegte der Wind das Unterholz zum Klappern zu bringen. Die Akademie war 1919 als Volkshochschule gegründet worden.

Sie hielten vor dem Verwaltungsgebäude und sie rollte ihr Gepäck zum Empfang. Eine freundliche junge Frau mit roter Kugelkette überreichte ihr Schlüssel und Lageplan. Über Treppenwege fand sie den Weg zu ihrem Häuschen. Bett, Tisch, Schrank – alles schlicht in Kiefernholz.

Sie wählte das signalrote Kleid mit den angeschnittenen Ärmeln. Noch zwanzig Minuten bis Kursbeginn. Sie schaute in den Spiegel. Für ihre zweiundvierzig Jahre, fand sie, war optisch alles noch passabel. „Barockengel zum Anbeißen", hatte einer ihrer Liebhaber sie genannt. Die dunklen Halbmonde unter den Augen störten natürlich. Auch daran war letztlich er schuld.

Er. Ro-ber-to. Eigentlich Uwe Burmeister. Als sie den Seminarraum betrat, war er schon da. Im weißen Medizinlook, die blonden Haare auf künstlerische Kinnlänge geschnitten, ragte er aus einer Gruppe spätherbstlicher, in Leinen gewandeter Damen heraus. Zu viel Sonnenbräune. Er wirkte älter als achtunddreißig.

Und nun erkannte er sie. Während er auf sie zueilte, bemerkte sie befriedigt, dass er sein Erschrecken kaum verbergen konnte.

„Nina! Was machst du denn hier?"

„Hab mich zu deinem Kurs angemeldet."

„Das ist ja – schön. Aber du stehst gar nicht auf meiner Liste."

„Ich bin die Anne Lüdecke."

„Ach so, die. Das ist ja clever von dir." Er lachte angestrengt. „Dann nimm doch Platz, bitte."

Und es ging los. Kosmische Schwingungen. Tierkreiszeichen. Yin- und Yang-Steine. Die Damen durften ihre Beschwerden nennen: Rheuma, Bronchitis, Knieschmerzen. Für jede Krankheit der passende Stein.

„Und was hilft gegen seelische Verletzungen?" Sie fixierte ihn, die Erinnerung ließ ihre Stimme zittern.

„Der Amethyst!" Schnell hatte er sich gefasst. Er kam zu ihr herüber und hielt den violetten Stein an ihre Stirn. „Der Amethyst zieht das Leid an und auf sich."

Sie schloss die Augen und legte ihre Hand auf die seine. Was sie erwartet hatte, geschah: Nach der Sitzung bat er sie zu bleiben.

„Nina, du siehst hinreißend aus. Bist du mir noch böse?"

„Nein. Es war ja meine Sache." Es kostete sie Mühe, ihm nicht ins Gesicht zu schlagen.

„Dann lass uns doch heute Abend einen Strandspaziergang machen. Zwanzig Uhr?"

„Einverstanden. Und mit einem Wiedersehensschluck in den Dünen. Ich hab eine Flasche Champagner dabei."

Sie beschloss, zunächst ihre Umgebung zu durchstreifen, stieg über bewachsene hügelige Wege an den verstreut liegenden Häuschen vorbei. Dieses Tal war ein Stück unbekanntes Sylt, ein Geheimtipp für Leute, die in Ayurveda, Aquarellmalen oder nächtlichen Tänzen sich selbst suchten. Oder sich anspruchsvolle Seminare über Politik und Gesellschaft gönnten. Sie aber war nicht für einen Ego-Trip hierher gekommen.

„Willst du mich zu einem Picknick einladen?" Roberto schaute animiert auf die schwarze Tasche hinunter, aus der der Hals einer Champagnerflasche ragte.

„Warte es nur ab. – Nein, die trage ich selbst." Ihre Hände umkrampften die Gurte. Sie stapfte mit ihm die Dünen hinauf. An einer Sandkuhle machte sie Halt und breitete die mitgebrachte Decke aus. Unter ihnen brandete das Meer.

„Der Champagner?" Er deutete auf die Tasche.

„Den genießen wir später." Sie strich ihm über den Unterarm. „Jetzt genieß' ich erst mal dich."

Ein kurzes Zögern, dann zog er sie an sich. Unbekümmert und gierig, dachte sie, nichts hatte sich geändert. Ihre Hände erwiderten das Spiel, trieben es bis zum Äußersten. Es war eine Legende, dass Frauen für Sex immer Liebe brauchten. Sie brauchte nur ihren Hass.

„Jetzt könnte ich einen Schluck vertragen." Offensichtlich gesättigt löste er sich von ihr.

„Dann bedien dich!" Sie sah ihm zu, wie er nach der

Flasche griff, und betrachtete kalt, wie seine Augen sich plötzlich weiteten.

„Was ist das denn?" Er deutete auf die Flasche, an der etwas klebte.

„Ein Ultraschallbild – unser Kind. Siehst du nicht den Kopf, die Ärmchen und Beinchen?"

Kurz schien es, als wolle er flüchten. Dann wandte er sich schroff zu ihr um. „Was soll das? Ich denke, du hast es wegmachen lassen."

„Ja, ich habe es abtreiben lassen." Sie gierte danach, ihm alle Details zu erzählen. Das war ja wohl das Mindeste, dass er sich anhörte, was sie durchlitten hatte.

Wie hatte er es damals ausgedrückt? „Wenn du es wagst, mir dein Balg anzudrehen, siehst du keinen Cent von mir."

Sie erinnerte sich: Tränen. Dann wieder erwartungsvolle Freude. Tränen. Hoffnung. Entschlusslos hatte sie die Zeit verstreichen lassen. Erneut Verzweiflung über die deutlich sichtbare Wölbung ihres Bauches.

„Roberto steht nicht zu mir. Ich kann das Kind nicht behalten", hatte sie zu ihrer Freundin Luisa gesagt. Eigentlich war es für eine Abtreibung schon zu spät gewesen. Aber die Freundin hatte Rat gewusst, ihr ihren eigenen Frauenarzt empfohlen. Von dem, hatte Luisa gesagt, habe sie ein Seitensprung-Baby erwartet und der habe die Störung praktischerweise gleich selbst beseitigt.

Es war die richtige Adresse gewesen. Und so hatte der ausreichend skrupellose Mediziner auch nicht gezögert, die Abtreibung vorzunehmen.

„Und nun will ich mich mit dir zusammen von unserem Kind verabschieden", schloss sie. „In dieser Nacht. Mit einer Zeremonie am Meer. Davon verstehst du doch etwas. Danach werden wir es den Wellen übergeben."

„Du bist krank!" Er stopfte das Bild in die Tasche zurück. Heftig ratschte er den Reißverschluss zu und warf ihr die Tasche in den Schoß. „Ich will damit nichts zu tun haben!"

„Hast du aber schon. Auf ewig wirst du daran denken müssen, das garantiere ich dir." Sie machte eine Pause, in der bitteren Vorfreude ihrer Pointe. „Ich bin HIV-positiv."

Es dauerte einige Sekunden, bis er begriff, dass es ihn betraf. „Das glaube ich dir nicht!" In seinem Blick lag Panik.

„Doch, es ist so. Nach dem Eingriff brauchte ich eine Bluttransfusion. Die Konserve war verseucht." Sie sagte es sachlich, als wolle sie von niemandem Mitleid.

Plötzlich sah sie, dass er einen faustgroßen Stein in der Hand hatte. Sie zuckte zurück, fühlte, wie ihr Herzschlag aussetzte.

Aber er schleuderte ihn über das Dünengras. „Keine Angst." Er lachte hysterisch. „Du wirst ja sowieso sterben."

„Und du? Bis du das endgültige Testergebnis hast, dauert es mindestens drei Monate."

Dämmerung kroch über die Hügel, vom Meer zog Kühle herauf. Sie drückte die Tasche fest an sich. Ihre Mission war erfüllt. Er würde leiden, jede Sekunde einen neuen Angsttod sterben. Fast so lange, wie sie, zerrissen vor einer Entscheidung stehend, das Ungeborene in sich gehabt hatte. Sie lächelte vor sich hin. Nein, HIV-positiv war sie nicht. Das wäre zu viel des Schlechten gewesen.

Er starrte sie noch immer an wie eine Erscheinung. Dann rannte er über die Dünen dem Meer entgegen.

Es war nur ein einziger Schrei, der sie traf. Grauenhaft und unvergesslich. Sie zweifelte keine Sekunde, wer ihn ausgestoßen hatte.

War er von Panik getrieben die steile Treppe zum Strand hinuntergefallen? War er tot oder nur verletzt? Sie war sich nicht sicher, was sie mehr wünschte. Sein Leiden oder ihre endgültige Befreiung?

Sie erhob sich, schüttelte den Sand aus ihren Kleidern und stieg die Anhöhe zur Strandtreppe hinauf. Niemand war zu sehen. Unten rauschte leise das Meer. Behutsam nahm sie die erste Stufe, trat weiter und weiter abwärts. Je tiefer sie stieg, desto langsamer wurde sie.

Er lag ganz unten im Sand. Er. Ein Körper. Einst der Mann, den sie geliebt hatte. Sie beugte sich hinab und stellte fest, dass er kaum noch atmete. Sollte sie die Rettung rufen? Nein. Man würde sie befragen. Zwischen ihm und ihr ein Band knüpfen, das nicht mehr existierte.

Mit schwerem Schritt stieg sie die Treppe hinauf. Warum sollte er leben, wenn ihr Kind hatte sterben müssen?

In der Frühe bestieg sie den nächsten Zug ab Westerland.

Kampen

In diesem kleinen Ort gibt es mehr zu entdecken, als man auf den ersten Blick glaubt. Dazu zählen nicht nur endlose Sandstrände, sanft geschwungene Dünen, das „Rote Kliff" und sprudelnder Champagner.

So stehen in Kampen zwei Fixpunkte für vorbeifahrende Schiffe: Sylter Leuchttürme, die funktionelle und repräsentative Pflichten erfüllen. Im Ortskern befindet sich der „Avenarius-Park", der nicht nur zum Verweilen am Ententeich einlädt. Auf dem großzügig angelegten Bouleplatz können Spielbegeisterte ihrer Leidenschaft frönen.

Etwa drei Kilometer nördlich von Kampen liegt die Kampener Vogelkoje, die historische Entenfanganlage, auf deren Gelände während der Saison regelmäßig Führungen stattfinden.

Bekannte Orte sind auch die legendäre „Buhne 16" und die „Uwe-Düne". Sie ist mit über 52,5 Metern über dem Meeresspiegel die höchste Erhebung der Insel und wurde nach Uwe Jens Lorensen, einem Sylter Freiheitskämpfer, benannt.

KAMPEN

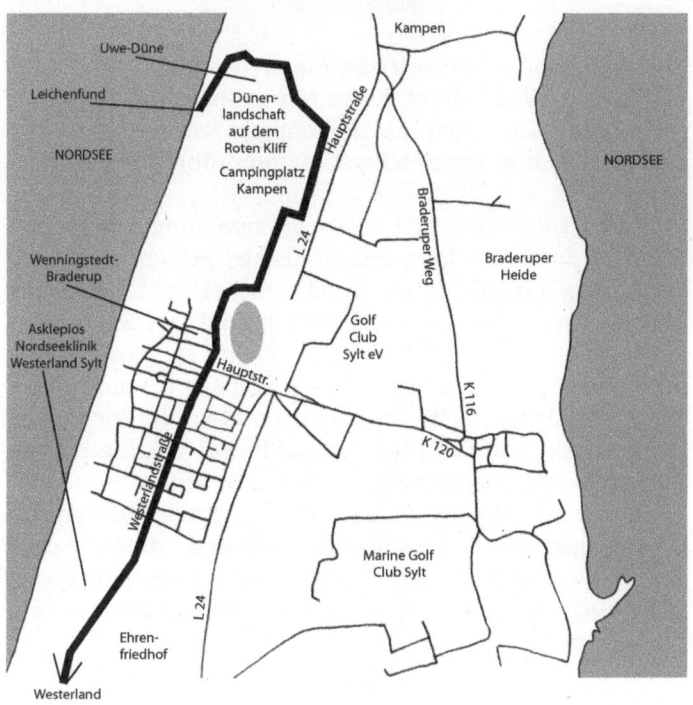

Kampen

Uwe-Düne

Leichenfund

NORDSEE

Dünen-
landschaft
auf dem
Roten Kliff

Campingplatz
Kampen

Haupstraße

Braderuper Weg

NORDSEE

Braderuper
Heide

Wenningstedt-
Braderup

L 24

Golf
Club
Sylt eV

Asklepios
Nordseeklinik
Westerland Sylt

Westerlandstraße

Hauptstr.

K 116

K 120

Marine Golf
Club Sylt

L 24

Ehren-
friedhof

Westerland

Margarethe will fliegen

Monika Dengler

„Arbeiten, wo andere Urlaub machen" – den Verheißungen dieser Syltwerbung hatte Margarethe schon immer misstraut. Aber dass es so schlimm kommen würde, hätte sie sich in ihren schwärzesten Träumen nicht vorgestellt.

Margarethe fuhr sich voller Verzweiflung mit beiden Händen durch ihr kurz geschnittenes graues Haar und ging zügig an der „Uwe-Düne" vorbei zum Rand des „Roten Kliffs". Als sie den Scheitelpunkt des Bohlenweges erreicht hatte und sich das Meer zu ihren Füßen ausbreitete, wurde sie ruhiger – welch herrlicher Anblick! Der kalte Wind zauste ihre Haare und kühlte ihr heißes Gesicht. Sie lief hinunter zum Kliffrand und ließ ihren Blick von der rotbraunen, stark zerklüfteten Erde über die schimmernde Weite des Meeres sowie den endlos scheinenden Strand schweifen. Möwen, die sich wie schwerelos in die Luft erhoben, vollführten elegante Wendungen und schienen eins mit sich und ihrer Umgebung zu sein.

Fliegen müsste man können, einfach nur wegfliegen!

Dabei hatte es vor fünf Jahren so gut angefangen: Margarethe hatte sich gefreut, trotz ihrer achtundvierzig Jahre eine Stelle in einem Bekleidungsgeschäft mitten in Westerland zu bekommen. Es handelte sich um junge, sportliche Mode, die sie attraktiv fand und deshalb sicher gut verkaufen würde. Die Kollegin schien sympathisch zu sein und der Chef wirkte locker und freundlich. Sie stellte sich vor, wie sie sich in der Mittagspause bei einem Strandspaziergang entspannen würde, und nach der Arbeit könnte sie es sich mit einem Buch in einem der Strandkörbe gemütlich machen.

Aber dann fanden Georg und sie keine bezahlbare Wohnung auf Sylt und sie musste, wie so viele andere, täglich von und nach Niebüll pendeln. Sie benötigte von Tür zu Tür zwar eine Stunde Zeit und auch die Fahrkarte kostete mit rund einhundertdreißig Euro monatlich viel Geld, aber das war trotzdem noch günstiger, als auf Sylt zu wohnen. So wurde es ihr nach Arbeitsschluss wichtiger, rechtzeitig den stündlich verkehrenden Zug zu erreichen, als ein Buch im Strandkorb zu lesen.

Margarethe fröstelte trotz ihrer dicken Windjacke. Dieses Jahr war der Winter spät gekommen, aber dann mit erstaunlich viel Schnee und Eis. Und auch jetzt, an diesem frühen Märzmorgen, war es immer noch sehr kalt und auf dem Strandhafer glitzerte Reif. Außer ihr war hier noch niemand unterwegs. Normalerweise musste sie um diese Zeit arbeiten, aber ein Moment der Unbeherrschtheit hatte dazu geführt, dass der Chef ihr Hausverbot erteilt hatte.

Dieser unverschämte Mensch! Was bildete er sich ein? Sie ließ sich in ihrem Alter doch nicht mehr alles gefallen! Nun ja, etwas mehr Selbstbeherrschung hätte sie schon zeigen können. Aber daran wollte sie jetzt nicht denken.

Eine Melodie kam ihr in den Sinn, den Text dazu bekam sie nicht mehr ganz zusammen. Sie wusste nur noch, dass er von einer Frau handelte, die träumt, sie könne fliegen und sich dadurch von ihrem alles bestimmenden Ehemann befreit.

Nun, dies war keineswegs ihr Problem: Georg hatte sie im letzten Monat verlassen, wegen einer anderen Frau, die zu ihrem Erstaunen kaum jünger war als sie selbst.

„Was hat sie, was ich nicht habe?", hatte sie ihn gefragt. Die klassische Frage, die meistens mit einem Schulterzucken beantwortet wurde. Dies war zumindest die Erfahrung ihrer Freundinnen, die in den vergangenen Jahren ebenfalls Trennungen hinter sich gebracht hatten. Und sie waren sich alle einig gewesen, dass es deren Männern dabei vor allem um die körperliche Attraktivität der Neuen und ihre eigene Selbstbestätigung gegangen sein musste.

Doch Georg hatte nach kurzem Nachdenken erwidert: „Sie nimmt das Leben viel leichter als du und sieht in allem das Positive. Es macht einfach Spaß, mit ihr die kleinen Freuden des Alltags zu genießen. Sie kommt mir vor wie ein Vogel, leicht und unbeschwert, während du dich in den letzten Jahren zunehmend zu einem missmutigen Maulwurf entwickelt hast, gefangen in Dunkelheit und Erdenschwere."

Na ja, mit ihren achtzig Kilo und dem, was sie stolz ihr „kritisches Bewusstsein" nannte, erinnerte sie wohl niemanden an ein fröhliches Vögelchen. Trotzdem war Margarethe gekränkt. Tief gekränkt. Früher hatten Georg und sie Seite an Seite für eine bessere Welt demonstriert! Und die aktuelle politische und soziale Situation bot weiterhin genug Gründe für Kritik, alles andere war doch nur Schönfärberei!

Aber sie hielt den Mund und beobachtete voller Wut und Verzweiflung, wie Georg seine Sachen packte und auszog.

Wie sollte sie nun allein für die gesamte Miete aufkommen?

In ihrem Alter konnte sie auch nicht auf eine besser bezahlte Stelle hoffen. Da musste sie froh sein, überhaupt Arbeit zu haben, obwohl ihr der Job in Westerland schon lange keinen Spaß mehr machte. Die jungen Leute gingen ihr gewaltig auf die Nerven. Hatten immer nur Ansprüche, aber keinerlei Benehmen.

Margarethe seufzte. Und dann der Jugendwahn der Mütter, die am liebsten für die Schwester ihrer halbwüchsigen Nachkommen gehalten werden wollten und sich entsprechend anzogen und benahmen. Sie fürchtete auch die – meist weiblichen – Kunden, die sich dreimal das ganze Sortiment bringen ließen, um dann ohne Ware den Laden zu verlassen. Gar nicht zu reden von dem Ton, den manche Kunden anschlugen: als sei sie das Dienstmädchen oder eine Sklavin, die man hin und her scheuchen konnte. Die Freude an ihrem Beruf war Magarethe hier gänzlich abhandengekommen.

Aber sie wusste sich zu wehren, was ihrem Chef zunehmend weniger gefiel. Mehrmals hatte er sie in der vergangenen Zeit wegen ihrer fehlenden „Kundenorientierung" gerügt. Heute Morgen war ihr Konflikt dann eskaliert. Das hätte nicht sein müssen, wenn er ein wenig einfühlsamer gewesen wäre.

Aber nein, er musste sie ja provozieren: „Glaubst du, dass du heute mal arbeiten kannst, ohne dass sich jemand über dich beschwert?", hatte er sich spöttisch erkundigt und dann den Bogen endgültig überspannt: „Ich hoffe, das wird nicht noch schlimmer mit dir, jetzt, wo du zu Hause niemanden mehr hast, den du für deine Hormonschwankungen büßen lassen kannst!"

Da hatte sie rot gesehen und ihm mit voller Wucht den nächsten erreichbaren Gegenstand in sein frech grinsendes Gesicht geworfen. Leider war es ein Bund mit vielen scharfkantigen Schlüsseln gewesen. Margarethe schüttelte sich, um die Gedanken an das Blut und an das, was danach passiert war, zu verscheuchen. Eigentlich wollte sie nur respektvoll behandelt und in Ruhe gelassen werden, war das wirklich zu viel verlangt?

Klar, sie hatte völlig die Beherrschung verloren und im Nachhinein schämte sie sich auch dafür: Sie war explodiert wie ein Dampfdrucktopf; mit ähnlich verheerenden Folgen. Früher wäre ihr das nicht passiert, aber die Ereignisse der letzten Zeit waren zu viel für sie gewesen. Zudem hatte es sie geärgert, dass ihr Chef einen wunden Punkt getroffen hatte: Das Klimakterium schüttelte sie ordentlich durch – aber was verstand ein knapp vierzigjähriger Mann schon davon!

Jetzt war ihr ganz heiß. Was sollte sie nun machen? Auf jeden Fall brauchte sie einen guten Anwalt. Aber dann, wie weiter? Wieder zogen die elegant dahin gleitenden Möwen Margarethes Blicke auf sich. Als Jugendliche hatte sie wenigstens im Traum fliegen können: Sie erinnerte sich, wie sie in einem ihrer damals zahlreichen Albträume plötzlich abgehoben war und ihre Verfolger weit unter sich zurückgelassen hatte ... Diese Vorstellung hatte sie dann auch tagsüber im wahrsten Sinne des Wortes beflügelt – Margarethe erinnerte sich voll Sehnsucht daran, wie glücklich und beschwingt sie sich noch Tage nach diesem Traum gefühlt hatte.

Was würde passieren, wenn sie auch jetzt ihre Fantasie nutzen und noch einmal ganz neu anfangen würde?

Im Grunde hatte Georg recht: Sie sah tatsächlich eher die störenden und schweren Seiten des Lebens, statt es leicht zu nehmen und das Gute zu genießen. Noch war sie nicht zu alt, um etwas zu verändern. Vielleicht könnte sie in einer anderen Stadt, in einem anderen Land einen ganz anderen Beruf ausüben, kreativ sein zum Beispiel und etwas wirklich Schönes und Bleibendes schaffen ...

Im Traum hatte sie nur die Arme ausbreiten und daran glauben müssen, allen Schwierigkeiten davonfliegen zu können. Dies und vor allem die Kraft und Leichtigkeit an den Tagen danach – die wollte sie wieder erleben!

Margarethe straffte die Schultern, breitete die Arme aus und schloss die Augen. Der kalte Wind strich an ihren erhitzten Wangen vorbei. Fliegen, ja – auch sie würde fliegen können, ganz leicht werden und endlich glücklich sein! Margarethe atmete tief ein und aus. Dann konzentrierte sie sich auf die Vorstellung, wie sie, die Arme ausgebreitet und die Beine aneinandergelegt, wie ein schöner großer Vogel langsam abhob und mit kräftigem Flügelschlag dem Horizont entgegen flog.

Tief unter ihr war das Meer ... Und plötzlich hatte sie den Eindruck, tatsächlich zu fliegen – endlich fliegen zu können! – und sie fühlte sich unbeschreiblich glücklich.

Als man Margarethe am Fuße des Roten Kliffs fand, war sie tot. Sie hatte sich neben verschiedenen Gliedmaßen auch das Genick gebrochen. Nachdem Fremdeinwirkung ausgeschlossen worden war, blieben Unfall oder Suizid als mögliche Ursachen.

Ihr Gesichtsausdruck gab jedoch Rätsel auf: Sie wirkte völlig entspannt, sie wirkte sogar – richtig glücklich.

Wenningstedt

Wenningstedt liegt am Rande der Dünenlandschaft auf dem „Roten Kliff". Darunter befindet sich ein herrlicher Strand, der im Sommer zahlreiche Touristen zum Baden einlädt. Dieses Vergnügen wird nun auch für Rollstuhlfahrer ohne großen Aufwand möglich sein. Der Tourismus-Service Wenningstedt-Braderup bietet ab der Saison 2013 als einziger Ort auf Sylt spezielle Strandrollstühle an, mit dem der Strandkorb bequem erreicht werden kann.

Der Dorfteich im Zentrum des Ortes ist ein weiterer Anziehungspunkt und bildet zwischen Hauptstraße und Friesenkapelle einen Ruhepol, der gern aufgesucht wird.

Am nördlichen Rand des Ortes liegt das Ganggrab „Denghoog", das vor über 5000 Jahren in der Jungsteinzeit errichtet wurde. Es besteht aus zwölf Tragsteinen, die eine Decke aus drei Steinplatten stützen, und ist für Besucher zugänglich.

WENNINGSTEDT, BRADERUP, KAMPEN

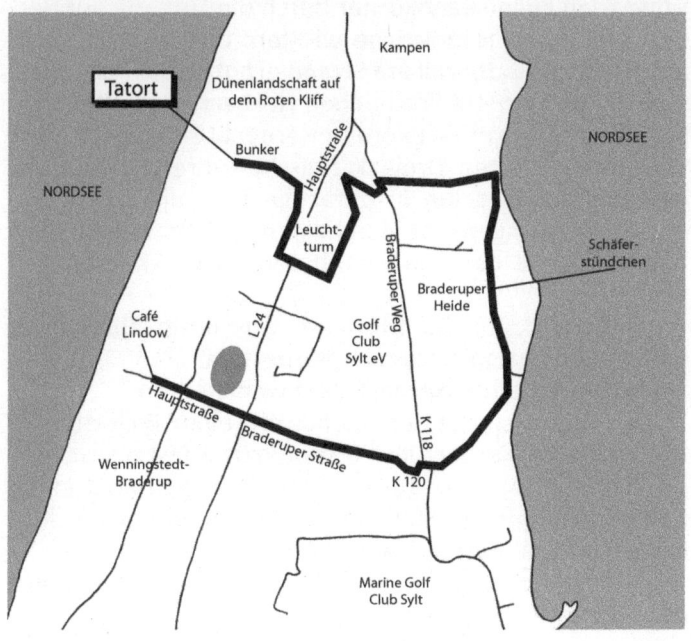

Urlaubsbekanntschaft

Dirk-Uwe Becker

Eine große Wolke verdeckte die Sonne. Auffrischender Wind trieb kleine Sandkörner durch die Luft, die auf Herberts Haut wie Nadelstiche wirkten. Das Wetter schien umzuschlagen. Überall am Strand erhoben sich die Menschen. Die brünette Frau neben Herbert blieb allerdings liegen. Seit einiger Zeit konnte Herbert seinen Blick nicht von dem rasierten Dreieck zwischen ihren Beinen abwenden, welches ihn in derartige Erregung versetzte, dass er gezwungen war, den halben Nachmittag auf dem Bauch liegend der Sonnenanbeterei am FKK-Strand zu frönen.

„Ist Ihnen kalt?" Die Brünette hatte ihren Oberkörper halb aufgerichtet und sprach Herbert an.

„Nun ja", meinte Herbert, „ein wenig schon."

Sie erhob sich mit der Leichtigkeit einer Balletttänzerin, wobei sie Herbert ihre festen Brüste fast ins Gesicht gedrückt hätte. „Eine gute Gelegenheit, sich jetzt einen Kaffee zu gönnen!" Sie schlang ein Handtuch um ihre Hüften und sah Herbert auffordernd an.

Herbert erhob sich, bemüht, seine Erregung unter dem Handtuch nicht allzu sichtbar werden zu lassen. „Prima Idee. Ich kenne ein tolles Café in Wenningstedt!"

Am Eingang zur Buhne 16, dem berühmtesten der Sylter FKK-Strände bei Kampen, zogen sie sich an und gingen dann den Strandweg am Roten Kliff vorbei, bis sie in die Berthin-Bleeg-Straße einbogen. Bei der Hausnummer 10 standen sie vor einem großen Backsteinhaus, welches, wie Herbert erklärte, seit zwanzig Jahren das Hotel der Familie Lindow mit dem gleichnamigen Café beherberge und zum Wenningstedter Ortsbild einfach dazugehöre. Hier gebe es nicht nur hausgemachten Kuchen und erstklassigen Kaffee, sondern die beste Hausmannskost.

„Fast wie bei Muttern", bemerkte er lächelnd.

Die Sonne brannte inzwischen wieder vom Himmel und Herbert steuerte zielsicher einen Tisch unter einem großen Sonnenschirm im Vorgarten an.

„Gefällt es Ihnen?", fragte er.

„Wunderbar!", lächelte die Brünette zurück.

Nur durch einen Staketenzaun vom Gehweg getrennt, fühlte man sich inmitten des bunten Inseltreibens distanziert genug, um sich, wie Herbert hoffte, etwas näher kennenzulernen. Sie bestellten Kaffee und Friesentorte.

„Ich habe begonnen, diese Insel zu lieben", sagte die schöne Unbekannte mit einem schelmischen Lächeln und prostete Herbert mit der Kaffeetasse zu. „Sind Sie Insulaner?"

„Nein, eigentlich nicht", entgegnete Herbert. „Ich wohne in Hamburg, komme aber schon jahrelang nach Sylt. Übrigens, mein Name ist Herbert!"

Die Brünette hob erneut ihre Kaffeetasse. „Freut mich. Ich heiße Danny und war eigentlich mit einem Freund auf der Durchreise nach Dänemark. Aber der Kerl hat mich wegen einer Schlampe mit Porsche-Cabrio sitzen lassen und treibt sich jetzt irgendwo im Süden der Insel herum. Nun kann ich für die restliche Woche das Doppelzimmer allein bezahlen!"

Aus ihren Worten sprach aber keine Verärgerung. Sie wirkte höchst belustigt über diesen Vorfall.

„Wenn das so ist", Herbert stockte etwas, „dann könnten wir uns in den nächsten Tagen vielleicht öfter sehen?

Ich zeige Ihnen – Verzeihung dir! – gerne die Insel."

Danny hob symbolisch ihre leere Kaffeetasse. „Bon! Abgemacht. Ich rufe dich an!"

Nachdem Herbert ihr seine Mobilnummer gegeben hatte, gab Danny ihm einen flüchtigen Kuss auf die Wange und verabschiedete sich. Herbert sah ihr nach, wie sie die Berthin-Bleeg-Straße hinunter ging und dann in die Straße Am Dorfteich einbog. Sie drehte sich um und winkte ihm noch einmal zu.

Am nächsten Morgen saß Herbert ungeduldig beim Frühstück und blickte auf sein Handy. Die Brünette – Danny – war ihm die ganze Nacht nicht aus dem Kopf gegangen. So eine schöne Frau! Man musste einfach auch mal Glück haben im Leben. Er trank seinen Kaffee aus, faltete die Zeitung zusammen und verließ seine Pension, bog in den Kampener Weg ein und dann links in den Weidenstieg, der ihn direkt zum Dorfteich führte. So früh waren nur wenige Leute unterwegs und er konnte gut seine zwei Runden um den Teich laufen, um sich fit zu halten. Kurz bevor er die zweite Runde beendet hatte, klingelte sein Mobiltelefon.

„Danny hier. Hast du heute Zeit? So gegen fünfzehn Uhr am Kampener Leuchtturm?"

Erfreut sagte Herbert zu.

Der Leuchtturm „Rotes Kliff" lag nördlich des Golfplatzes inmitten einiger Hünengräber, die charakteristisch für diesen Teil der Insel waren. Herbert stieg an der Haltestelle Norder Wung/Westerlandstraße in den Bus ein und fuhr zwei Stationen bis zur Norddörfer Halle. Von hier aus waren es nur wenige Gehminuten. Danny wartete schon vor dem Eingang zum Turm, als Herbert den

Leuchtturmweg entlang ging und dann links an zwei Hünengräbern vorbei auf das markante Seezeichen zusteuerte. In weißer Leinenhose und passendem Top sah sie einfach hinreißend aus! Der kühle Wind schien ihre hart gewordenen Brustwarzen durch den feinen Stoff hindurchpressen zu wollen. Ihr Anblick verzauberte Herbert aufs Neue.

„Du könntest mir das Naturschutzgebiet zeigen", meinte sie und strahlte ihn an.

„Gut", sagte Herbert, erfreut, dass er mit ihr allein sein konnte und sie nicht vorhatte, die von Trubel erfüllten mondänen Inselorte zu besichtigen.

Er schlug vor, durch die Braderuper Heide an der Ostseite von Kampen nach Braderup zu wandern, so dass sie gegen Abend in Wenningstedt ein Speiselokal aufsuchen könnten. Danny war einverstanden und hakte sich bei Herbert unter. Während sie die Sandwege durch die Heidelandschaft entlang gingen, erzählte Herbert Danny, dass Wenningstedt zusammen mit Kampen und Braderup die Gemeinde der Norddörfer bildete. Der Begriff „Norddörfer" sei zu einer Zeit entstanden, als List, die nördlichste Siedlung der Insel, noch zum Dänischen Königreich und der Rest zum Herzogtum Schleswig gehört hatte. Am Rand des Weges wies Herbert auf eine der zahlreichen Rosenpflanzen hin.

„Dies ist eine Kartoffelrose", erklärte er. „Sie wurde in den 1920er Jahren von der ostsibirischen Halbinsel Kamschatka eingeführt und stellt nun ein Problem dar, da sie die natürliche Heidevegetation zu überwachsen droht, denn ihren einzigen natürlichen Feind, den Bodenfrost sibirischer Art, gibt es nicht auf Sylt."

Herbert bückte sich, pflückte eine Blüte ab und reichte sie Danny. „Auf unsere Bekanntschaft!", sagte er.

Danny strahlte. „Ist die schön. Danke!"

Nachdem sie eine halbe Stunde durch diese wunderbare Landschaft gewandert waren und Herbert sie immer wieder auf interessante Details hingewiesen hatte, blieben sie am Rand des Weißen Kliffs stehen.

„Wusstest du, dass fünfzig Prozent der schleswig-holsteinischen Heidevorkommen allein hier auf Sylt zu finden sind?" Danny schüttelte den Kopf und legte einen Arm um Herbert. „Von den etwa einhundertfünfzig Pflanzenarten der Sylter Heidelandschaft stehen fünfundvierzig Prozent sogar auf der Roten Liste. Und sag selbst – ist das nicht ein fantastischer Blick vom Kliff aus über das Wattenmeer? Ich könnte stundenlang hier stehen und träumen!"

Danny nickte. „Ich auch!", murmelte sie und zog Herbert in Richtung einer Bodenvertiefung hinter ihnen.

„Es ist verboten, die gekennzeichneten Wege zu verlassen!", versuchte Herbert zu protestieren.

Aber mit einem „Ach was. Heute ist anscheinend niemand hier unterwegs. Wo kein Kläger, da kein Richter!" stieß sie ihn in die Sandfläche der Kuhle und sprang hinterher.

„So ein schöner Tag sollte nicht ungenutzt vergehen", meinte Danny und zog ihre Leinenhose aus. Dann streifte sie ihr Top über den Kopf und legte sich, nur noch mit dem Slip bekleidet, in den warmen Sand. Herbert stand erst unschlüssig da. Dann begann auch er, sich seiner Hose und des Hemdes zu entledigen.

„Siehst du. Ist hier ein Parkwächter, der uns anmacht? Na also! Lass uns diesen wunderschönen Nachmittag genießen!", sagte sie und Herbert konnte nicht anders, als Dannys makellose Gestalt zu bewundern.

Es geht schon wieder los wie gestern bei der Buhne

16, dachte er sich und sah auf seinen Slip. Als Danny mit ihrer rechten Hand langsam über seinen Bauch strich, war es zu spät. Er riss sich den Slip vom Leib und pfiff darauf, ob irgendwelche Spaziergänger ihr Treiben beobachten konnten. Sylt war bekanntermaßen eine Insel der Freizügigkeit. Als sie später auf dem Rückweg bei Büürlön die Braderuper Heide verließen und in Richtung Wenningstedt unterwegs waren, konnte Herbert sein Glück immer noch nicht fassen.

„Dieser Tag mit dir – einfach wunderbar!", sagte er und sah Danny mit strahlenden Augen an.

Sie drückte lächelnd seine Hand. „Das finde ich auch. Aber – Sex macht mich immer so hungrig. Kennst du hier in der Nähe ein tolles Lokal?"

„Wenn du Lust auf Fisch hast?", fragte er.

Danny nickte und schmiegte sich in seinen Arm. Sie schlenderten die Hauptstraße entlang bis zur Berthin-Bleeg-Straße, bogen in die Westerlandstraße ein und dann rechts in die Strandstraße. Als sie am Hotel Lindner Windrose vorbeikamen, sagte Danny: „Hier wohne ich!"

Herbert sah sie erstaunt an. „Du bist doch gestern Nachmittag in Richtung Dorfteich eingebogen."

Danny nickte. „Ich wollte mir noch die Friesenkapelle ansehen."

Herbert zog Danny weiter Richtung Strand, bis sie am Café-Restaurant Meeresblick ankamen. „Ist das nicht toll?", fragte er und wies auf die See und die untergehende Sonne.

„Wunderschön!", sagte Danny. „Ich kann nachvollziehen, was dich immer wieder auf diese Insel treibt!"

Der Kellner machte sich durch ein dezentes Räuspern bemerkbar. „Haben Sie schon gewählt?", fragte er.

Sie bestellten eine Fischplatte mit geräuchertem

Lachs, Matjes und Aal.

Nach dem Essen drängte Danny zum Aufbruch. „Ich muss noch einen wichtigen Anruf erledigen", erklärte sie Herbert und gab ihm einen Kuss auf den Mund. „Ist es dir recht, wenn ich mich morgen wieder telefonisch bei dir melde?"

Herbert nickte. Danny drückte ihn zum Abschied und hauchte ihm einen Kuss auf den Mund. In ihrem Hotelzimmer angekommen zog sie das Mobiltelefon aus der Tasche. „Hallo? Ja – ich bin's! Es hat alles geklappt. Herbert ist mir heute ins Netz gegangen. Was? – Ach, du kennst mich doch. Ich melde mich morgen wieder."

Als Herbert morgens in den Frühstücksraum seiner Pension kam, saß Danny an einem Tisch am Fenster. Vor ihr standen ein Teller mit Brötchen, Marmelade, ein Pott Kaffee, ein Glas Orangensaft und ein Teller mit Wurst- und Käseaufschnitt.

„Ich dachte mir, ich frühstücke heute mal mit dir", meinte sie mit einem Lächeln. Herbert ließ sich seine Freude nicht anmerken und kam wenig später mit einem gut gefüllten Frühstücksteller zurück.

Mit vollem Mund kauend fragte Danny plötzlich: „Sag mal, wie lange fährst du eigentlich schon auf diese Insel? Deinen fast wissenschaftlichen Ausführungen von gestern nach hätte ich gedacht, du seist hier groß geworden."

Herbert lachte. „Nein. Ich bin kein Insulaner, obwohl man das fast annehmen könnte. Aber meine Großmutter kommt von hier. Meine Eltern sind mit mir jedes Jahr in den Sommerferien hergekommen und ich habe diese Tradition fortgesetzt."

Danny schmunzelte. „Dann hast du sicherlich vielen

Mädchen auf der Insel den Kopf verdreht. So gut, wie du aussiehst!"

Herbert nahm das Kompliment mit einem Kopfnicken an. „So viele waren es nun nicht gerade", entgegnete er. „Ich war damals – und bin es heute noch – etwas schüchtern. Aber ja, die eine oder andere war schon dabei, in die ich mich verguckt habe."

Mit einem hellen Lachen sprudelte es aus Danny heraus, fast hätte sie sich am Kaffee verschluckt. „Du und schüchtern? Das glaube ich jetzt nicht. Nicht nach dem, was gestern in der Braderuper Heide passiert ist!"

Mit hochgezogenen Augenbrauen gab Herbert zurück: „Du hast dich zuerst ausgezogen."

„Stimmt!", sagte Danny und nippte weiter an ihrem Kaffee. „Kennst du eigentlich eine Brigitte Kingeter?"

Der seltsame Unterton in Dannys Stimme war Herbert nicht entgangen. „Wieso fragst du?", meinte er und ließ die Hand mit dem Brötchen wieder auf den Teller sinken.

„Sie war eine Freundin von mir", sagte Danny und trank ihren Orangensaft aus. „Sie ist vor einigen Jahren allein nach Sylt in den Urlaub gefahren. Als ich nach über einem Monat nichts mehr von ihr gehört habe, gab ich eine Vermisstenanzeige auf. Sie war Vollwaise und ihr Verschwinden hat außer mir niemanden interessiert. Die polizeilichen Nachforschungen blieben ergebnislos. Vielleicht habe sie ihre große Liebe gefunden und sei auf und davon mit ihr, hieß es in den Akten. Eine Mail aus einem Internet-Café, dass sie gut angekommen sei und sich anderntags Westerland ansehen wolle, war alles, was ich von ihr bekommen habe."

Herbert grunzte. „Tut mir leid um deine Freundin. Vielleicht machst du dir unnötig Sorgen und sie lebt irgendwo mit einem Mann glücklich und zufrieden. Doch sag mal – was wollen wir heute unternehmen? Hast du Lust auf eine Dünenwanderung, den Strand entlang bis Buhne 16 und … vielleicht können wir uns dort ja …"

Mit einem Lächeln, als ob sie es schon ahnte, stimmte Danny zu. Sie beendeten ihr Frühstück und gingen den Kirchenweg am Dorfteich entlang, als Herbert plötzlich stehen blieb. „Verdammt! Ich habe mein Handy vergessen. Bin gleich wieder da. Warte bitte!" Er lief zügigen Schritts Richtung Pension. Nach knapp zehn Minuten war er wieder zurück. Danny saß am Teich und sah einer Entenmutter zu, die ihre Küken im Schlepptau hatte.

„Dann wollen wir mal", sagte Herbert, zog Danny hoch und drückte ihr einen Kuss auf die Lippen.

Sie gingen am Denghoog vorbei und bogen nördlich des Friedhofes in die Straße Osetal ein, bis sie auf den Dünenweg trafen und das Rote Kliff entlang Richtung Buhne 16 wandern konnten. An einer Bank hielt Herbert an, setzte sich und bot Danny etwas zu trinken an.

„Ich habe immer eine Flasche mit Wasser dabei", meinte er. „Wer viel läuft beziehungsweise wandert, muss auch viel trinken."

Danny nahm einen Schluck.

„Nimm ruhig mehr. Bei dieser Hitze kann man nicht genug Wasser trinken!" Nachdem Danny noch einmal die Flasche angesetzt hatte, drängte Herbert sie zum Aufbruch. „Bevor die Touristen wieder alle schönen Plätze am FKK-Strand mit ihren Handtüchern belegt haben", meinte er scherzhaft zu ihr.

Nach fünfzig Metern schwankte Danny etwas. Herbert stützte sie am Arm. Nach weiteren fünfzig Metern versagten Danny die Beine. Sie ließ sich am Rand des Weges ins Gras sinken.

„Irgendwie … ist mir schlecht!", murmelte sie und sah

Herbert mit großen Pupillen an.

Dieser packte sie unter den Armen und Knien, hob sie hoch und trug sie in die Dünen hinein. „Wo… wohin gehen wir?", krächzte Danny, doch Herbert gab keine Antwort. Nachdem er einen Dünenkamm überquert hatte, stolperte er mit seiner Last abwärts und ließ Danny am Grund einer Senke zu Boden fallen. Aus dem Dünenhang ragte der Eingang einer alten Bunkeranlage.

„Du hältst dich wohl für sehr schlau, was?", fragte Herbert und blickte Danny an, die wie starr am Boden lag. „Meinst du, ich hätte dein Spiel mit diesem Mädchennamen nicht durchschaut? Das konnte kein Zufall sein! Du und das erste Mal hier auf dieser Insel. Von deinem Freund verlassen. Dass ich nicht lache!"

Er ging zum Eingang des Bunkers und zog mit großer Kraftanstrengung eine verrostete und knarrende Eisentür auf. „Das Vermächtnis der Wehrmacht", erklärte er. „Die Alliierten haben nach 1945 zwar etliche Bunkeranlagen gesprengt, aber nicht alles ist auch entfernt worden. Diesen Ort kennen nur wenige Leute. In den Ferien haben wir als Kinder oft hier gespielt. Unsere ‚geheime Kommandozentrale'. Dies wird nun dein letzter Ruheort werden. Hier kannst du auch deine alte Freundin Brigitte wieder treffen."

Herbert lachte laut auf. „Es hätte so schön werden können mit dir, aber du …" Er ließ den Rest des Satzes offen. „Was ich dir nicht erzählt habe – ich führe in Hamburg ein Zoogeschäft, überwiegend mit Schlangen. Giftschlangen. Das Myotoxin, das ich in die Trinkflasche gegeben habe, führt nach einigen Minuten zum Tod durch Lähmung der Bauchatmung. Ich habe nur so getan, als ob ich trinken würde. Pech für dich, mein Herz, dass du so neugierig warst."

Herbert wandte seinen Blick wieder vom Bunkereingang ab und zu Danny hin, als er in eine Pistolenmündung blickte.

„Pech für dich, mein Schatz, dass ich ebenfalls nicht aus der Flasche getrunken, sondern auch nur so getan habe und von dem Schlangengift wusste. Wir haben es zumindest geahnt." Danny machte eine Pause und erhob sich. „Wir, das ist das Bundeskriminalamt. Ich bin dort Hauptkommissarin. Wir sind schon längere Zeit am Fall der verschwundenen Mädchen auf Sylt dran. Es waren innerhalb der letzten zehn Jahre neun junge Frauen, stets Waisen, ohne Verwandtschaft, die Fragen hätte stellen könnte. Immer im Sommer. Diese Bunkeranlage hier kennen wir seit dem letzten Jahr, als ein Liebespaar beim Nacktbaden zufälligerweise in den Dünen die Reste der verschütteten Anlage entdeckt und sich über den Gestank beschwert hat. Im Inneren haben wir die Leichen entdeckt. Was uns fehlte, war ein Verdächtiger — oder eine Verdächtige, je nachdem. Aber wir konnten fremde DNA extrahieren. Was meinst du", Danny blickte Herbert mit hochgezogenen Augenbrauen an, „weshalb ich gestern in den Dünen mit dir geschlafen habe?"

Sie richtete ihre Waffe nun direkt auf Herbert, der einen Schritt auf sie zugemacht hatte. „Ich habe mir abends im Hotel einen Abstrich gemacht und deine DNA an unser Labor in Wiesbaden gesandt. Sehr wahrscheinlich wird sich eine Übereinstimmung mit unseren Laborergebnissen herausstellen. Andererseits ...", sie blickte Herbert mit einem schelmischen Lächeln an. „Andererseits war der Sex mit dir am Weißen Kliff nicht von schlechten Eltern! Unter anderen Umständen ..."

Danny winkte mit der Waffe. „Lass uns gehen. Vielleicht können wir auf dem Rückweg noch den

Sonnenuntergang genießen. Er soll so schön sein auf Sylt und ... für dich das Letzte, was du für lange Zeit in Freiheit wirst sehen können!"

Braderup

Prägend für das Ortsbild ist die um 1240 erbaute früh-gotische Backsteinkirche mit ihren klaren Formen und leuchtend weiß strahlenden Mauern.

Vor der Haustür des Ortes liegt der Nationalpark Wattenmeer, einzigartiger Lebensraum unzähliger Wasservögel. Wer die Ruhe liebt, ist im 137 Hektar gro-ßen Naturschutzgebiet der Braderuper Heide gut auf-gehoben. Hier gibt es immer wieder etwas Neues zu entdecken. Mit etwas Glück können beim Spaziergang am Strand ein paar Schweinswale beobachtet werden, denn es leben rund 6000 dieser Meeressäuger in dem vom nahen Golfstrom begünstigten Gewässer vor Sylt.

Südlich des Dorfes hat sich ein Windpark mit mehre-ren Windkraftanlagen angesiedelt, der im Jahr 2006 noch erweitert wurde.

BRADERUP

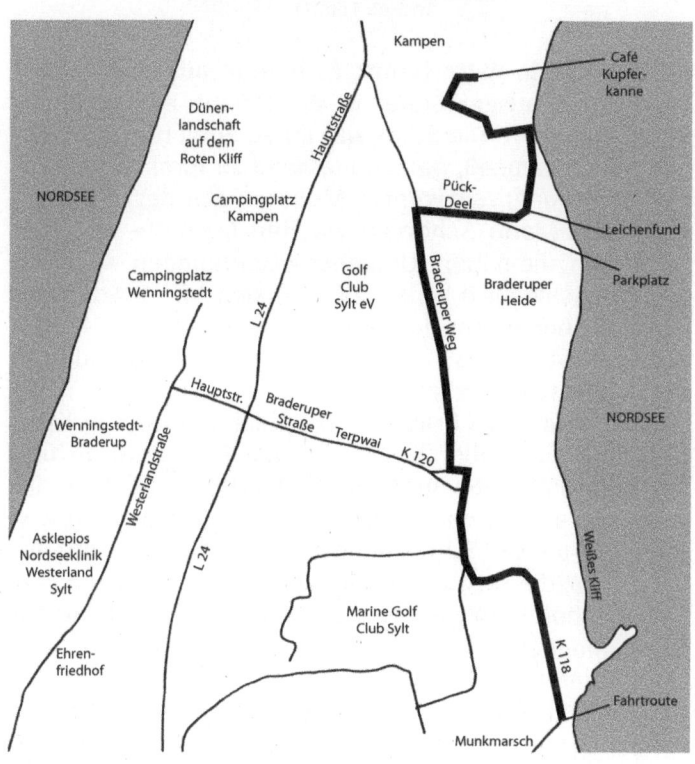

Totenglockenheide

Andrea Tillmanns

Im Nachhinein hatte Hanna es bereut, auf ihre Tochter gehört und ausgerechnet in Westerland ein Hotel gebucht zu haben. Die Stadt war ihr zu aufgeregt, zu fröhlich und zu schnell, ganz unpassend zu ihrer momentanen Stimmung, nur wenige Monate nach der Trennung von ihrem Mann. Schon am zweiten Tag hatte sie daher begonnen, die nähere Umgebung zu erkunden. Am fünften Tag schließlich entschloss sie sich, die Braderuper Heide zu besuchen, die nordöstlich von Westerland an der Ostküste von Sylt lag und einige ruhige Stunden in dem Naturschutzgebiet versprach.

Hanna fuhr von Braderup ein Stück in Richtung Kampen, bog auf halber Strecke in den Pück-Deel ab und stellte ihren Wagen am Ende der Straße ab. Sie hatte ihrer Kamera neue Batterien spendiert und sich vergewissert, dass auf der SD-Karte noch genug Platz war. Auf der Landkarte, die sie auf dem Hinweg im Naturzentrum Braderup geholt hatte, waren die Wege durch die Heide gut zu erkennen, so dass sie sicher leicht bis zum Restaurant „Kupferkanne" in Kampen und zurückfinden würde. Und für den Fall, dass sie früher umkehren wollte, hatte sie eine Thermoskanne mit Kaffee, Brote und Kekse mit. Hanna war also auf alles vorbereitet, als sie die ersten Schritte in die Heide tat – nur nicht auf den Fuß, der rund hundert Meter später in ihren Weg ragte und offensichtlich zu einem Mann gehörte, dessen restlicher Körper gut verborgen zwischen niedrigen Sträuchern lag.

Zuerst zögerte Hanna. „Hallo? Hören Sie mich?", fragte sie zaghaft. Vielleicht schlief der Mann nur – eine

Frau hielt sie aufgrund der Schuhgröße für unwahrscheinlich –, oder er machte gerade Makro-Aufnahmen von Insekten, die sich nur von unten in diesen niedrigen Sträuchern fotografieren ließen. Vielleicht war es auch eine Falle – man sah ja so viel im Fernsehen, wenn man vor Langeweile schon das Vorabendprogramm schaute.

Vorsichtshalber trat sie gegen den Fuß, der sich nicht rührte. Mit ihrem Wanderstock piekste sie dem Mann durch den Busch hindurch in den Bauch, und noch immer rührte er sich nicht. Den Stock in ihrer Rechten, zog sie schließlich vorsichtig das Buschwerk zur Seite. Nein, eine Falle war das wohl nicht. Dazu war der Mann zu offensichtlich tot.

Das Blut an seiner Schläfe war noch nicht ganz geronnen. Hanna glaubte den metallischen Geruch wahrzunehmen, den sie immer schon mit Blut verbunden hatte, doch das mochte auch Einbildung sein. Sie zog ihr Handy aus dem Rucksack und wählte die 110.

„Polizei? Hanna Blum mein Name, ich habe gerade in der Braderuper Heide einen Toten gefunden."

Nachdem sie den Fundort beschrieben hatte, dauerte es nicht lange, bis sich ein Polizeiwagen mit Blaulicht näherte. Der Weg von der Polizeistation in Westerland hierher war nicht weit, und auch vom Pück-Deel, wo sie geparkt hatte, war sie noch nicht weit entfernt. Während sie den Beamten die ersten Fragen beantwortete – nein, sie kannte den Mann nicht; ja, sie hatte ihn angestubst, aber nicht angefasst –, kam schon die Spurensicherung und wenige Minuten später ein Arzt, der kurz den Puls fühlte, in die Pupillen des Toten sah und dann den Kopf schüttelte.

„Nichts mehr zu machen", brummte er, untersuchte die Kopfwunde und den Rest des Körpers und stand schließlich wieder auf. „Schickt ihn den Kollegen von der Rechtsmedizin, dann wisst ihr bald mehr."

Auch die Spurensicherung brauchte nicht lange zum Spurensichern, zumindest kam es Hanna so vor. Die junge Frau und die beiden Männer in den typischen Ganzkörperanzügen durchsuchten die nähere Umgebung der Leiche und später, nachdem ein Bestatter den Toten abgeholt hatte, um ihn in die Rechtsmedizin zu bringen, auch die zerdrückten krautigen Pflanzen, wo der Ermordete gelegen hatte. Hanna wehrte derweil die Angebote der Streifenpolizistin, sie nach Hause zu fahren, ihr eine Decke umzulegen oder wenigstens einen Kaffee aus dem Polizeiwagen zu bringen, dankend ab. Sie hatte noch gar nicht wirklich begriffen, was hier geschehen war. Später, vermutete sie, würde der Schock sie überfallen, und vielleicht würde sie dann mitten in der Heide weinend zusammenbrechen. Momentan aber fühlte sie sich seltsam unbeteiligt, so als sehe sie nur einen Film. Vielleicht, überlegte sie, während sie aus den Augenwinkeln die Wanderin beobachtete, die von Osten, vom Meer her, langsam näherkam, war die Tatsache, dass der Mann offensichtlich erschlagen worden war, einfach zu viel, um sie jetzt schon ganz zu erfassen.

„Und in welchem Hotel wohnen Sie nun?", erkundigte sich die Polizistin. Hanna beantwortete auch die nächsten Fragen.

„Und Sie da, bitte gehen Sie weiter!", rief der andere Polizist und Hanna drehte sich interessiert um. Die Wanderin war inzwischen näher gekommen und stand nun zögernd in einigen Metern Abstand, so als warte sie auf etwas.

„Kann ich vielleicht helfen?", fragte sie leise. Sie sah Hanna direkt an. „Kennen wir uns nicht aus dem Hotel?

Wohnen Sie nicht auch in Westerland?"

Hanna nickte, ehe ihr auffiel, dass das auch falsch verstanden werden konnte. Westerland stimmte, aber die ältere Frau kam ihr unbekannt vor. Eine typische Hausfrau, mit praktischen, aber alten Wanderschuhen, Faltenrock, einer altmodischen Strickjacke und einer großen Umhängetasche bepackt, in der sie vermutlich Utensilien für jede Eventualität bei sich trug.

Die Polizistin wirkte erleichtert. „Ah, das ist gut, dann können Sie beide sich vielleicht gemeinsam auf den Heimweg machen", schlug sie vor.

Offenbar hatte sie noch immer Angst, Hanna könne jeden Moment zusammenbrechen. Und wenn Hanna ehrlich war, konnte sie das selbst nicht ganz ausschließen.

„Gerne", nickte die ältere Frau. Jetzt, wo sie eine Aufgabe bekommen hatte, wirkte sie gleich weniger unsicher. Sie winkte Hanna zu sich. „Kommen Sie – die Dame kann doch jetzt gehen, oder?"

Die Polizisten sahen sich kurz an und nickten dann einhellig. „Wir haben ja Ihre Kontaktdaten", sagte die Polizistin und gab Hanna zum Abschied die Hand. „Sehen Sie mal zu, dass Sie sich ein wenig von dem Schock erholen."

„Das mache ich", antwortete Hanna automatisch, obwohl sie sich noch immer nicht sehr geschockt fühlte. Aber das konnte ja noch kommen.

„Mechthild", stellte sich die andere Frau vor und reichte ihr die Hand. „Was ist denn da passiert?"

„Hanna", sie drückte Mechthilds Hand. „Danke, dass Sie Ihre Hilfe angeboten haben – aber ich glaube, wenn ich hier noch eine Weile spazieren gehe, kann ich nachher auch selbst zurück zum Hotel fahren."

„Wir können ja gemeinsam ein paar Schritte gehen", schlug die Ältere vor. „Es ist so ein schöner Tag ..."

„Nicht für den Toten", bemerkte Hanna und biss sich sofort auf die Zunge.

„Nein, für ihn natürlich nicht", antwortete Mechthild nachdenklich. „Was ist denn mit ihm? Herzinfarkt?"

„Erschlagen", antwortete Hanna. Das Wort fühlte sich noch immer merkwürdig an, wie aus einem Film, der nichts mit ihrer Wirklichkeit zu tun hatte.

„Schlimm", murmelte Mechthild. Schweigend gingen sie weiter.

„Ist das Glockenheide?", erkundigte sich Hanna, während sie zwischen den blühenden Flächen hindurchgingen. In der Ferne glaubte sie schon das Meer zu sehen.

„Ja, ist die nicht schön?", antwortete Mechthild mit unerwarteter Begeisterung. „Und in wenigen Wochen wird die Besenheide zu blühen beginnen ... Ich war oft mit meinem Mann hier, er mochte Sylt und besonders dieses Naturschutzgebiet sehr. Wissen Sie eigentlich, dass man am Strand ein Schiffswrack sehen kann?"

Davon hatte Hanna noch nicht gehört. Dafür entdeckte sie zu ihrer Linken, nur wenige Hundert Meter entfernt, eine Gruppe Heidschnucken, die vorher hinter einem der flachen Hügel verborgen gewesen waren.

„Ja, das sind ganz süße Tiere", bemerkte Mechthild. „Sollen wir mal etwas näher gehen?"

Obwohl die ältere Frau nicht viel sagte, fühlte Hanna sich in ihrer Nähe wohl. Wenn der Schock, mit dem sie immer noch rechnete, irgendwann kommen würde, dann wäre sie nicht allein. Dann würde Mechthild aus den Tiefen ihrer Umhängetasche sicherlich Taschentücher und heißen Tee und Kekse zaubern und sie trösten. Es gab solche Menschen, bei denen Hanna sofort das Gefühl hatte, sich fallen lassen zu können, wenn ihre Kraft einmal nicht mehr reichen würde. Mechthild gehörte auf jeden Fall dazu.

Nachdem sie die Heidschnucken gestreichelt hatten, gingen sie dann doch noch ans Meer, betrachteten das versunkene Schiff und die Wellen, die scheinbar mit jeder Sekunde ein paar Sandkörner von der Insel entführten. Zwischendurch setzten sie sich auf eine Bank in die Sonne, tauschten die mitgebrachten Brote und teilten das klein geschnittene Obst, das Mechthild aus einer Plastikdose zauberte, und den Kaffee aus Hannas Thermoskanne.

„Alles habe ich dabei, nur keinen Kaffee", kommentierte Mechthild mit einem leisen Lächeln.

Hanna drückte ihre Hand. „Du musst doch nicht an alles denken", antwortete sie schmunzelnd. „Ich bin ja froh, wenn ich auch etwas beisteuern kann." Sie waren schon bald ganz selbstverständlich zum „Du" übergegangen.

Als sie schließlich wieder in Richtung Pück-Deel gingen, wo auch Mechthild geparkt hatte, waren die Polizisten und die Leute von der Spurensicherung verschwunden. Ein kleines Rechteck war mit rot-weißem Flatterband abgesperrt, sonst deutete nichts mehr darauf hin, dass dort vor wenigen Stunden noch ein toter Mensch gelegen hatte.

Hanna wurde ein wenig übel. Aber das mochte auch an der Kombination von zu viel Kaffee mit dem leckeren Obst liegen. „Sollen wir uns mal zu einem Kaffee treffen?", schlug sie vor, als sie Mechthilds Kombi erreicht hatten. „Oder gemeinsam die Insel erkunden?"

„Gerne", nickte die ältere Frau. „Warte, ich schreibe dir mein Hotel auf, und hier meine Handynummer ..."

Nachdem sie ihre Kontaktdaten ausgetauscht hatten, verabschiedeten sie sich und Hanna ging ein paar

Schritte weiter zu ihrem Kleinwagen. Während sie auf dem Fahrersitz bei geöffneter Tür die Wanderschuhe aufschnürte, um sie gegen saubere Schuhe für die Rückfahrt zu tauschen, beobachtete sie aus den Augenwinkeln, wie Mechthild den Fahrersitz in einer geübten Bewegung nach vorne zog und den Rückspiegel einstellte, ihr noch einmal zuwinkte und den Motor startete.

Dann begriff sie.

Hanna zögerte nur einen Moment, ehe sie ihren Wagen anließ, mit halb offenen Schuhen und geöffneter Fahrertür lospreschte und das Auto mit quietschenden Reifen quer auf die Straße stellte, so dass niemand vorbeikonnte. Auch Mechthild nicht.

Sie ließ den Motor laufen, als sie wieder ausstieg und wartete, bis auch Mechthild die Fahrertür öffnete und schließlich ihren Wagen verließ.

„Was hättest du getan, wenn ich dich hätte fahren lassen?", fragte Hanna ruhig. Das Obst polterte jetzt durch ihren Magen. Dennoch fühlte sie sich merkwürdig klar und sicher darüber, was sie zu tun hatte.

Mechthild zuckte mit den Achseln und schüttelte langsam den Kopf. „Ich weiß nicht. So weit hatte ich nicht gedacht." Sie schwieg einen Moment. „Was habe ich falsch gemacht?", fragte sie dann.

„Wenn du auf dem Hinweg selbst gefahren wärest, hättest du den Sitz nicht umstellen müssen", antwortete Hanna. „Da lag es nahe, dass der letzte Fahrer – dein Mann – identisch mit dem Toten in der Heide ist." Sie schüttelte den Kopf. „Wenn ich darüber nachgedacht hätte, hätte ich auch schon früher darauf kommen können – jemand, der so perfekt vorbereitet ist wie du, vergisst seinen Kaffee nicht."

„Nein, den habe ich nie vergessen", sagte Mechthild

nachdenklich. Sie blickte knapp an Hanna vorbei. „All die Jahre nicht."

„Wo hast du die Thermoskanne versteckt?", fragte Hanna. „Du hast ihn doch damit erschlagen, oder?"

„Natürlich", nickte Mechthild. „Es erschien mir passend. Nachdem er mir gerade erklärt hatte, seine Neue mache besseren Kaffee, echt italienischen, und sei auch sonst nicht so langweilig ..." Sie verstummte, bis sie bemerkte, dass Hanna sie noch immer auffordernd ansah. „Ich habe sie ins Meer geworfen. Ich hatte gehofft, dass die Ebbe sie mit sich hinausträgt."

„Wahrscheinlich hat sie das auch", antwortete Hanna nachdenklich.

Sie wurde das Gefühl nicht los, dass Mechthild eigentlich erleichtert war, ihr Geheimnis nicht mehr allein ertragen zu müssen. Das hier hatte nichts mit den kaltblütigen Morden zu tun, von denen sie in den Vorabendserien und den abendlichen Fernsehkrimis mehr als genug gesehen hatte. Dieser hier war eine ungeplante Tat, mit deren Folgen Mechthild nun leben musste. Hanna konnte sich gut vorstellen, wie ein Wort zu viel die Katastrophe ausgelöst hatte. Sie schnaubte leise. Erschlagen mit einer Thermoskanne voll verschmähten Kaffees – welch ein Ende für eine sicher langjährige Ehe.

„Und wie geht es jetzt weiter?", fragte Mechthild leise.

„Ich fahre dich zur Polizeistation nach Westerland", antwortete Hanna, ohne zu zögern. „Wenn du deine Aussage gemacht hast, hole ich dir aus deinem Hotel, was du brauchst."

Mechthild nickte langsam. „Vielleicht müsste es mir leidtun", sagte sie. „Aber das tut es einfach nicht. Kannst du das verstehen?"

„Lass uns fahren", sagte Hanna statt einer Antwort.

Sie zog den Zündschlüssel des Kombis ab, verschloss seine Türen sorgsam und führte die ältere Frau um ihren Kleinwagen herum zur Beifahrertür. Vielleicht würde sie es verstehen, eines Tages, wenn Mechthild mehr von ihrer Ehe erzählte. Vielleicht würden sie sich Briefe schreiben. Wer wusste schon, wozu eine solche zufällige Begegnung gut sein mochte? Erst einmal waren andere Dinge wichtiger.

Sie wechselte endlich die Schuhe, legte den Gurt an, nickte Mechthild noch einmal zu und fuhr los in Richtung Westerland.

Munkmarsch

Wussten Sie, dass Munkmarsch einst das Tor zur Insel war? Der in der Mitte des 19. Jahrhunderts beginnende Fremdenverkehr kam vom Festland Dänemarks mit Dampfschiffen im Hafen an und wurde per Kutsche über die Insel chauffiert. Mit dem Bau des Hindenburgdamms verlor der Hafen dann seine wichtige Bedeutung. Heute ist er ein beliebtes Ziel für Segler und die ruhige Bucht ist ein Tummelplatz für Surfanfänger.

Von Munkmarsch bis Braderup verläuft entlang der Küste das „Weiße Kliff", eine bis zu acht Meter hohe Abbruchkante zum Wattenmeer aus hellem Karolinsand.

Als Ausgangspunkt für eine Wattwanderung ist Munkmarsch geradezu ideal. Sie sollte aber aus Sicherheitsgründen möglichst in Begleitung eines kundigen Führers unternommen werden.

MUNKMARSCH

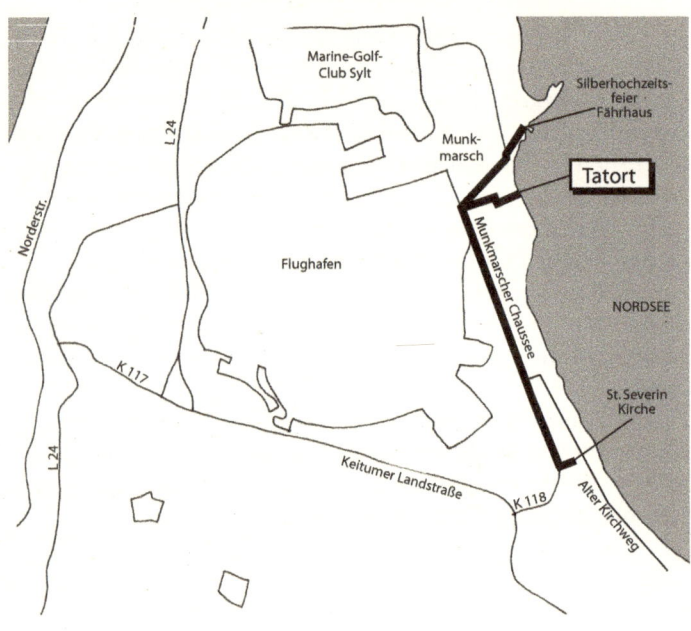

Liebe geht durch den Magen

Ute Haese

Sie musste sterben.

Daran führte kein Weg vorbei.

Gestern hatte Lulu ihm unmissverständlich klargemacht, dass sie sich nicht länger mit Halbheiten zufriedengeben würde. Er solle sich endlich entscheiden – zwischen seiner „stinkreichen und geizigen Ehemumie", mit der er „ein todlangweiliges Leben in diesem verpennten Kaff Munkmarsch" führe, und seiner „jungen und knackigen Geliebten", mit der er „das tosende Leben in Hamburg" genießen könne.

Das waren exakt ihre Worte gewesen. Allerdings hatte sie vergessen hinzuzufügen, dass sich dieses „tosende Leben" weitgehend in einer Zweizimmerwohnung abspielen würde, und er, der seit seiner lang zurückliegenden Hochzeit mit Susanne an die Großzügigkeit der Villa auf Sylt gewöhnt war, hatte sie nicht korrigiert. Denn in diesem Moment hatte Lulu ihrer Sie-oder-ich-Forderung mit ihrem unwiderstehlichen gurrenden Lachen Nachdruck verliehen und ihn anschließend auch noch auf diese ganz bestimmte Art und Weise geküsst, durch die ein Mann sich schlagartig wieder wie fünfunddreißig und nicht wie fünfzig plus fühlte.

„Das ist doch nicht so schwer, mmh, Alex-Liebling?", hatte sie dabei zwischen zwei Küssen gehaucht.

Doch, das war es, hätte Alexander Britten am liebsten geantwortet, denn er wollte beide beziehungsweise beides. Also jeweils die ideale Hälfte gewissermaßen. Kurz und gut – oder eben schlecht –, er wollte Lulu einerseits sowie das Geld andererseits, das aber leider Gottes Susanne mit in die Ehe gebracht hatte. Und seine kleine Lulu, das ahnte er deutlich, wäre nicht halb so anschmiegsam und zahm, wenn er mit dem Gehalt eines, na sagen wir, einfachen Sparkassenangestellten auskommen müsste. Sie lebte nun einmal gern auf größerem Fuß und das war ja auch nicht verwerflich. Er schätzte ein Leben in Luxus schließlich ebenfalls. Sonst hätte er sich nie auf eine Ehe mit Susanne eingelassen, die nun wirklich nicht sein Typ war.

Ganz im Gegensatz zu ihm schien es seine Noch-Gattin allerdings mittlerweile zu bedauern, dass sie ihn vor drei Wochen mit Sack und Pack vor die Munkmarscher Villentür gesetzt hatte. „Geh doch zu deinem Flittchen nach Hamburg", hatte sie gekeift und gedroht: „Du wirst schon sehen, was du davon hast! Nämlich nichts!"

Das hätte sie nicht sagen sollen, das war nicht nett gewesen. Aber er war gegangen und hatte sich bei Lulu eingemietet. Tja, und diese drei Wochen waren dem Himmel auf Erden recht nah gekommen, wie er entzückt festgestellt hatte. Sie verließen das Bett nur, um sich etwas zu essen zu besorgen oder zu duschen. An Susanne daheim auf Sylt hatte Britten nur sehr, sehr selten gedacht. Dafür war er viel zu beschäftigt gewesen. Doch gestern hatte sie angerufen. Reumütig und erstaunlich kleinlaut war Susanne gewesen. Ganz besorgt hatte sie getan, weil er sich erkältet hatte, seine Stimme wie ein Reibeisen klang und seine Nase hörbar verstopft war. Trotzdem hatte sie ihn gebeten heimzukommen, damit sie alles Weitere in Ruhe und wie zwei erwachsene Menschen besprechen konnten – woraufhin Lulu, das unschuldige Kind, ihm unmissverständlich besagte Pistole auf die Brust gesetzt hatte.

Und hier war er nun. Normalerweise hätte sich Alexander Britten von seiner Geliebten Ecke Munkhoog/ Heefwai absetzen lassen, wäre erst einmal gemächlich hinunter zum Hafen geschlendert, vorbei am „Fährhaus", in dem Susanne und er vor drei Jahren in ganz intimem Kreis, nur mit vier alten Freunden, ihre Silberne Hochzeit gefeiert hatten. Am Hafen hätte er sich auf eine Bank gesetzt, die unverwechselbare maritime Atmosphäre auf sich wirken lassen und eine Weile gedankenverloren aufs Wattenmeer hinausgeschaut. Er liebte diesen Blick. Hier war er zu Hause.

Doch in diesem Fall musste er natürlich auf das gewohnte Ritual verzichten. Niemand sollte schließlich merken, dass er sich zu diesem Zeitpunkt in Munkmarsch aufhielt. Oder überhaupt auf Sylt. Also sog er lediglich die klare Meeresluft tief in die Lungen, nachdem Lulu ihn an der Munkmarscher Chaussee abgesetzt hatte und er nun, getarnt mit einer tief ins Gesicht gezogenen Mütze, hastig auf einem der Schleichwege zur Villa marschierte, die im Sönshörn lag. Es würde nicht leicht werden, das war ihm sonnenklar. Natürlich hatte er so etwas noch nie gemacht.

Schließlich war er kein Mörder, sondern lediglich ein Mann in einer, na sagen wir, gewissen Zwangslage. Alexander Britten grinste in sich hinein. Zwangslage, ja, genau das traf es. Der Ausdruck gefiel ihm.

„Alex, wie schön! Komm doch herein!"

Susanne trug das rubinfarbene Kleid, das er ihr noch im letzten Jahr in einer der Keitumer Boutiquen gekauft hatte und das ihr besonders gut stand, wie sie beide wussten. „Danke, dass du es dir trotz deiner Grippe nicht anders überlegt hast."

Als wenn diese Erkältung, die er nun schon seit drei

Tagen mit sich herumschleppte, momentan sein größtes Problem wäre. Er verbarg sein Grinsen, indem er ein Taschentuch zückte und sich ausgiebig schnäuzte. Susannes Getue wirkte wirklich affig – und überflüssig. Aber das konnte sie natürlich nicht wissen ...

„Ich muss nur noch mal schnell in die Küche. Setz dich doch und schenk dir ein Glas ein."

Sie lächelte ihm fast ein wenig schüchtern zu und verschwand. Britten schlenderte ins Wohnzimmer, stellte sich ans Fenster und genoss den Blick auf das unverkennbar, von liebevoller Hand gestaltete Grün. Der Garten war wie immer eine Wucht. Britten lächelte. Und das Haus lag wirklich eins a, wie Lulu es in ihrer unverwechselbaren Diktion ausgedrückt hätte. Deshalb würde er auch nach, tja, sagen wir getaner Arbeit sowie einer Anstandsfrist von vielleicht drei bis vier Monaten mit der Kleinen hierher ziehen.

Sie würde zwar erst ein bisschen maulen, aber wenn er ihr das Geld für eine völlig neue Einrichtung gab, würde sie sich schon an Munkmarsch gewöhnen. Und dann würde er mit ihr im „Fährhaus" essen gehen. Oder mit ihr hinaussegeln und sie auf der Jacht lieben. Und abends würden sie am Hafen sitzen und Champagner trinken. Er sah jetzt schon die neidischen Blicke der anderen Männer ... Tja, Pech gehabt, Jungs.

„So, da bin ich wieder."

Vergeblich bemühte sich Susanne, ihre Unsicherheit zu verbergen. Doch sie tat ihm kein Stückchen leid und er kam ihr nicht zu Hilfe. Sollte sie doch zappeln und sich plagen. Sie hatte es schließlich so gewollt. Bald würde sie ohnehin ruhig sein. Ganz ruhig sogar. Mit unbewegtem Gesichtsausdruck saß Britten ihr gegenüber und schwieg. Offenbar traute sie sich an das eigentliche

Thema nicht heran.

„Alex, willst du es dir nicht doch noch einmal überlegen?"

Er konnte geradezu sehen, wie die Worte sich wieder und wieder durch ihre Hirnwindungen quälten, ohne dass sie den Mut fand, sie auszusprechen.

„Mach uns doch noch einen Drink!" Er hielt ihr auffordernd das Glas hin. „Dann redet es sich leichter", fügte er hinzu und lächelte sie das erste Mal an.

Wenn er wollte, konnte er wirklich richtig charmant sein. Und jetzt wollte er; es kam schließlich nicht mehr darauf an. Susanne nickte erleichtert, erhob sich und wandte sich der Bar zu. Britten zögerte keinen Augenblick, stand lautlos auf und griff zu der schweren Kristallvase, die wie immer auf dem Tisch stand. Mit aller Macht schlug er zu. Wie ein gefällter Baum und ohne einen Ton von sich zu geben, stürzte Susanne zu Boden und rührte sich nicht mehr.

Bar jeglichen Gefühls betrachtete der frischgebackene Witwer die Szenerie einen Augenblick lang, ehe er mit der Ausführung von Teil zwei des Plans begann. Sorgfältig wischte er seine Fingerabdrücke von der Vase ab. Anschließend verwandelte er das Wohnzimmer in ein wahres Schlachtfeld. Erst nach einer halben Stunde war er zufrieden mit seinem Werk. Die Scheibe der Terrassentür hatte er eingeschlagen – wohlüberlegt nicht von innen, sondern von außen, wie es ein echter Einbrecher gemacht hätte –, die Schubladen waren allesamt durchwühlt und die Bilder auf der Suche nach dem Tresor von den Wänden gerissen.

Kein Zweifel, hier hatte ein Dieb, nachdem er von der Wohnungseigentümerin überrascht worden war und sie in einem Anfall von Panik getötet hatte, trotzdem noch hektisch nach einem versteckten Safe gesucht, ehe er schließlich entmutigt und ohne Beute abgezogen war. Fertig. Prüfend sah Britten sich ein letztes Mal um – und erstarrte vor Schreck. Himmelkreuzdonnerwetter noch mal, sein Glas! Das wäre beinahe schiefgegangen.

Sollte er es schnell in der Küche abwaschen und in den Schrank zurückstellen? Doch wozu das Risiko eingehen, durch eine Unachtsamkeit irgendwelche Spuren zu hinterlassen? Nein, er würde das verräterische Objekt unterwegs verschwinden lassen, auf dem Festland. Das war am sichersten.

„Tschau, Schatz!", rief er fröhlich und tat so, als prostete er dem Leichnam zum Abschied noch einmal zu. „Mach's gut, wo immer du jetzt auch bist."

Das zumindest meinte er ehrlich, denn er glaubte nicht an eine Rache aus dem Jenseits. Dann setzte er seine Mütze wieder auf und huschte den Schleichweg zurück zur Munkmarscher Chaussee, wo Lulu mit dem Wagen auf ihn wartete.

Er hatte in ihren Armen gelegen und zog sich hastig etwas über, als die Polizei klingelte, um ihm die schreckliche Nachricht zu überbringen.

„Herr Britten? Alexander Britten?" Die beiden Männer hielten ihm ihre Ausweise hin, stellten sich als Hauptkommissar Scheller und Kommissar Störjohann vor und warteten höflich, bis er aus dem Morgenrock in Hose und Hemd geschlüpft war.

Britten nickte, als er fertig war, und hob fragend die Augenbrauen. Jetzt bloß nichts anmerken lassen. Den völlig Ahnungslosen markieren. Denn er hatte zwar eine Geliebte – das Auftauchen der Polizei hier bei Lulu zeigte, dass man das, wie auch immer, offensichtlich schon herausbekommen hatte –, aber das bedeutete ja noch lange nicht, dass er ein Mörder war, oder? Und das war er doch auch nicht, rief er sich noch einmal ins Bewusstsein; er war sozusagen lediglich ein Mann in den besten Jahren, der sich sein kleines Glück in der zweiten Lebenshälfte durch eine außergewöhnliche Maßnahme hart hatte erkämpfen müssen.

„Wir haben eine schlechte Nachricht für Sie, Herr Britten. Ihre Frau ist gestern in Ihrer Villa auf Sylt überfallen worden. Sie ist tot", teilte ihm der Ältere der beiden Beamten – Britten hatte den Namen bereits wieder vergessen, kaum dass er ihn gehört hatte – mit sachlicher Stimme mit, während der Jüngere, der hieß Störjohann, wie er sich entsann, ihn aufmerksam musterte.

„Aber wie ... Oh Gott ...!" Er schlug drehbuchgemäß die Hände vors Gesicht. Weinen, Alex, befahl er sich, weinen, Herrgottnochmal!

Seine Schultern zuckten. „Wir hatten uns zwar getrennt, aber so etwas ... Oh Gott, nein! Susanne!"

„Würden Sie uns bitte aufs Revier begleiten, Herr Britten! Wir haben da ein paar Fragen an Sie."

Hinter ihm stieß Lulu einen erstickten Schrei aus. „Er war die ganze Zeit über hier, Herr Kommissar! Das kann ich bezeugen."

Der ältere Beamte lächelte väterlich, als Lulu sich in ihrem aufreizenden Morgenmantel demonstrativ neben ihn stellte. Alex unterdrückte nur mit Mühe ein entsetztes Stöhnen.

„Lulu", knurrte er stattdessen warnend.

„Von welcher Zeit sprechen Sie denn, Frau ...?"

„Merhahn."

„... Frau Merhahn?", fragte der Beamte freundlich.

Britten schloss die Augen. Lulu lächelte die beiden Männer zuckersüß an.

„Keine Ahnung, um welche Zeit es genau geht", meinte sie dann leichthin. „Ich will nur sagen, dass ich mit Herrn Britten in den letzten drei Wochen ununterbrochen zusammen war, wenn Sie verstehen, was ich meine. Wir waren hier und haben das Be..., also die Wohnung, nicht verlassen."

Sie hatten ihn trotzdem gebeten mitzukommen und waren mit ihm noch am selben Tag, „zur Tatortbesichtigung" und weiteren Vernehmungen nach Sylt gefahren. Gebeten? Nein, sie hatten ihn reichlich barsch aufgefordert, sie zu begleiten, wenn man es genau nahm. Und beschwichtigend davon gesprochen, dass alles lediglich Routine sei und Lulu ihn bald wiedersähe, hatten sie ebenfalls nicht.

In düsterem Schweigen saß Alexander daher auf dem Rücksitz des Polizeiwagens und grübelte vor sich hin, während sie auf der Bundesstraße 5 über Heide und Husum durch Schleswig-Holstein braussten, in Niebüll auf den Autozug rollten, den Hindenburgdamm querten, wie er es zuvor so oft in heiterer Stimmung getan hatte, um über Morsum, Archsum, Keitum und Tinnum nach Westerland zu rattern.

Irgendetwas musste schiefgelaufen sein, dachte Britten bestimmt zum einhundertsten Mal mit wachsender Verzweiflung, verdammt schief sogar. Er zermarterte sich das Hirn, doch er kam nicht drauf, was er übersehen haben könnte. Aber irgendetwas musste es sein, denn so ging man einfach nicht mit einem trauernden Witwer um, sondern nur mit einem höchst Verdächtigen.

Der Eindruck täuschte nicht!

„Sie haben gestern Ihre Frau getötet und dann versucht, den Mord als die Tat eines Einbrechers darzustellen", sagte der ältere Beamte, Hauptkommissar Scheller hieß er, genau, plötzlich in die Stille hinein.

Sie fuhren gerade an der St. Severin Kirche vorbei, die Susanne zeit ihres Lebens geliebt hatte und auf deren malerischem Friedhof sie, allerdings eigentlich erst in einigen Jahrzehnten, hatte begraben werden wollen.

„Das Haus und das Vermögen gehört Ihrer Frau, nicht wahr?"

Britten erwiderte nichts. Das war ohnehin ortsbekannt.

„Sie fragen sich, wie wir so schnell auf Sie gekommen sind?", fuhr Scheller im Plauderton fort. „Nun, auch unerwiderte Liebe geht gelegentlich durch den Magen, Herr Britten. Da nützt Ihnen auch das falsche Alibi der reizenden Frau Merhahn nichts."

Fast schien der Hauptkommissar zu lächeln, als er Alexanders Verwirrung bemerkte. „Aber vielleicht sollte ich der Reihe nach berichten. Dann werden Sie mir folgen können."

Sie bogen von der Munkmarscher Chaussee rechter Hand in den Sönshörn ein. „Also: Ihre Nachbarin alarmierte gestern Abend die Feuerwehr, als dichter Qualm aus dem Haus Ihrer Frau drang. Die Männer fanden dann ihre Leiche im Wohnzimmer. Und nicht nur die. Das verkohlte Essen in der Küche, das die Schwaden verursacht hatte, fanden sie ebenfalls. Und weil die Sylter Kollegen Sie auf die Schnelle nicht erreichen konnten und niemand wusste, wo Sie sich zurzeit aufhielten, haben sie zuerst mit Ihrer Schwägerin gesprochen."

„Die liebe Ruth", knurrte Britten. Susanne und ihre Schwester waren immer ein Herz und eine Seele gewesen. Sie hatte ihn noch nie leiden können.

Scheller nickte und fuhr in dem gleichen erzählerischen Tonfall fort: „Sie wohnt ebenfalls in Munkmarsch, wie Sie zweifellos wissen", er schaute in sein Notizbuch, „im oder am Lochterbarig. Keine Ahnung, was das bedeutet."

„Leuchtberg", murmelte Britten automatisch. „Erinnert an das Leuchtfeuer für die Schiffe."

„Aha. Danke", sagte der Hauptkommissar freundlich, ließ sich jedoch nicht ablenken. „Daher war sie gleich zur Stelle. Ihre Schwägerin hat uns dann erst einmal bestätigt, dass es um Ihre Ehe nicht besonders gut stand."

„Na und? Das leugne ich doch gar nicht!", fauchte Britten nervös.

Scheller nickte.

„Und sie, also die Schwester, hat uns auch erzählt", fuhr er gelassen fort, „dass Ihre Frau Sie trotz des ... äh ... Grundes für diese Missstimmung immer noch zurückgewinnen wollte."

„Ruth hat mich schon immer gehasst", erklärte Alexander finster. „Wenn die mir etwas anhängen will ..."

Scheller tat, als hätte er den Einwand überhaupt nicht zur Kenntnis genommen.

„Ihre Schwägerin eilte also nach unserem Anruf sofort zu Ihrer Villa. Wir haben zwar versucht, ihr den Anblick ihrer Schwester zu ersparen, aber sie bestand darauf, ins Haus gelassen zu werden. Und da hat sie es dann gerochen."

„Was hat sie gerochen?", fragte Britten aggressiv.

Wann kam denn dieser Kerl endlich zur Sache!? Das war ja nicht zum Aushalten, und er wollte nur noch eins: dass es endlich zu Ende ging. Der Wagen hielt direkt vor seinem Haus; die Tür war mit einem Polizeisiegel verklebt.

„Den angesengten Stockfisch im Ofen. Das ist ja nicht nur an sich ein ungewöhnliches Gericht, sondern auch wahrhaftig nicht jedermanns Sache."

Scheller wandte sich um und sah sein Gegenüber auf dem Rücksitz fast mitleidig an. „Austern, Hummer, Langusten, Kaviar oder meinetwegen auch eine Fertigpizza, Herr Britten, nichts von diesen Köstlichkeiten hätte uns geradewegs auf Ihre Spur gebracht. Aber ausgerechnet Stockfisch? Muss ich noch weitersprechen? Wie uns Ihre Schwägerin erzählte, ist das Ihr Leib- und Magengericht. Sie waren also derjenige, für den sich Ihre Frau nicht nur auffallend fein angezogen hatte, sondern den sie auch mit seinem Lieblingsessen überraschen wollte."

Der Hauptkommissar musterte ihn nachdenklich. „Sie haben doch sonst an alles gedacht. Ich frage mich wirklich, warum Sie solch einen verräterischen Hinweis nicht beseitigt haben. Den Duft müssen Sie doch schon beim Betreten des Hauses bemerkt haben. Er ist schließlich unverwechselbar."

Britten warf ihm einen finsteren Blick zu, bevor er ein bereits halb aufgebrauchtes Päckchen Papiertaschentücher hervorzog und sich kräftig in Richtung Scheller schnäuzte.

Westerland

Der größte Ort auf der Insel hat für jeden etwas zu bieten und ist ein Garant dafür, einen abwechslungsreichen Urlaub zu erleben.

Wer die Erholung sucht, ist am 8 Kilometer langen Strand in einem der über 3000 Strandkörbe gut aufgehoben. Die befestigte Kurpromenade am Weststrand lädt zum Flanieren ein und am Abend kann man hier oftmals atemberaubende Sonnenuntergänge beobachten. Auf der Promenade befindet sich auch die „Musikmuschel", wo in der Saison regelmäßige Veranstaltungen stattfinden, von Schlager bis Klassik ist alles dabei. Insbesondere wenn der Sylter Shantychor auftritt, wird geschunkelt und mitgesungen, so dass der Wind die Klänge weit über das Meer trägt.

Lebhaft geht es auch im Zentrum zu, das mit seinen zahlreichen Boutiquen und Geschäften jedes Shoppingherz höher schlagen lässt. Nach einer ausgiebigen Einkaufstour kann man sich in einem der vielen Cafés und Restaurants verwöhnen lassen und dabei dem bunten Treiben in der Fußgängerzone zusehen.

Liebhaber des Wassersports kommen ebenfalls nicht zu kurz. Am Brandenburger Strand finden jedes Jahr einige internationale Wassersportevents statt, so auch der „Windsurf World Cup Sylt" Ende September.

WESTERLAND

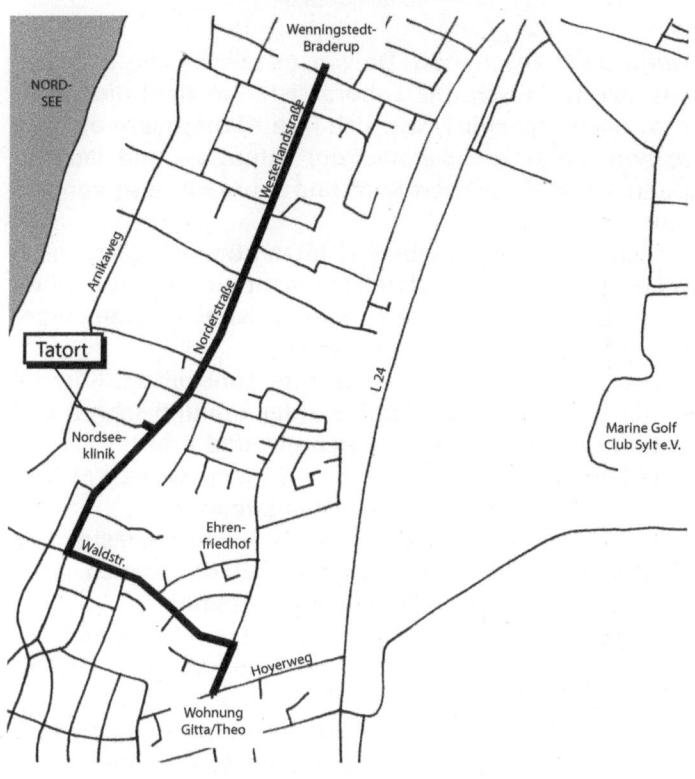

Die Blutprobe

Bettina Dethloff

Linda zuckt zusammen. Da war es wieder, dieses merkwürdige Geräusch. Die Laborassistentin zieht die Schultern hoch und spürt, wie sich ihre Körperhaare auf den Armen aufstellen. Sie hält den Atem an und lauscht. Dann schüttelt sie den Kopf und murmelt leise vor sich hin.

„Ich bin echt urlaubsreif. Jetzt höre ich tatsächlich schon Gespenster." Schließlich lacht sie laut auf: „Vielleicht sollte ich dem neuen Klinikgeist einen Namen geben. Hui Buh – das Klinikgespenst …"

Als sie gerade eines der Geräte kontrolliert, hört sie hinter sich die Tür des Labors aufgehen und schreit laut auf. Kreidebleich dreht sie sich um und erblickt Schwester Carola, eine liebe Kollegin, welche in diesem Moment allerdings ziemlich erbost aussieht.

„Sag mal, spinnst du?", ruft die Nachtschwester und fasst sich mit der flachen Hand auf den Bauch. „Der nächste Herzinfarktpatient könnte ich sein!"

Linda verdreht die Augen. „Oh, das tut mir leid. Ich war ganz vertieft in meine Arbeit und hab mich total erschrocken."

Schwester Carola schaut sie prüfend an. „Sag mal, geht es dir nicht gut? Wir haben doch gerade telefoniert, es ist keine drei Minuten her. Du wusstest doch, dass ich dir die Blutproben bringe."

„Ich verstehe es auch nicht. Andauernd höre ich komische Geräusche."

„Was für Geräusche?"

„Keine Ahnung, Schritte, Knirschen … Ich kann es nicht

genau sagen."

Mitfühlend streichelt Carola ihr über den Arm: „Ehrlich gesagt, wenn ich lange allein bin, höre ich auch schon mal Gespenster. Oben ist ziemlich viel los, es gab zwei Unfälle. Vielleicht hast du einfach nur uns gehört." Dann eilt sie zur Tür. „Ich muss wieder hoch. Kümmerst du dich um das Blut und gibst uns rasch Bescheid?"

Linda nickt. „Klar. Ich beeil mich."

Konzentriert macht sie sich sogleich wieder an die Arbeit. Sie liebt ihren Job, denn obwohl das Sylter Krankenhaus ein verhältnismäßig kleines Haus ist, ist das Labor im Keller dennoch mit moderner Technik ausgestattet. Das Betriebsklima ist gut, die Kollegen alle kompetent. Ja, sie kann wirklich zufrieden sein. Gerade als sie die Werte der Blutanalyse via Computer als Befund auf die Station schickt, kommt die nächste Probe. Es eilt, ein Patient mit Verdacht auf Herzinfarkt ist eingeliefert worden.

Im Nachhinein findet sie ihre Angst absolut lächerlich. Sie arbeitet seit vier Jahren im Labor der Nordseeklinik und hat schon unzählige Nachtschichten hinter sich. Die alten Kellergewölbe fand sie schon immer beeindruckend, aber niemals bedrohlich. Jeder, der zum ersten Mal von der Akutstation hinuntergeht in die Katakomben, ist beeindruckt, und so wurde vor Kurzem sogar – versteckt hinter einer hübschen Holztür – ein Altar aufgebaut. Dort finden nun Gottesdienste mit Live-Musik statt, ein Traum bei dieser Akustik und irgendwie schon etwas ganz Besonderes.

„Du siehst scheußlich aus. Komm, ich koche dir einen Tee." Besorgt holt Helen Tassen, Löffel und Zucker aus dem Schrank und stellt den Wasserkocher an. Sie braucht einige Minuten, bis sie ihre Freundin Gitta wieder anschauen kann, die sie vor einer halben Stunde verzweifelt schluchzend angerufen hat. Die einzigen Worte, die sie herausbringen konnte, waren: „Kannst du herkommen?"

Helen hat ihr Haus in Wenningstedt so hektisch verlassen, dass eine Nachbarin ihr verwundert nachsah, sie ist in ihr Auto gesprungen und wenige Minuten später bei Gitta im Hoyerweg in Westerland angekommen. Doch was immer auch geschehen ist, sie bekommt es nicht aus ihrer langjährigen Freundin heraus. Gitta sitzt mit unbewegter Miene auf der Kante eines Küchenstuhls und hat offenbar weder Tränen noch Stimme in petto oder einfach nicht den Mut, ihr zu sagen, was passiert ist.

Sie sieht schlimm aus: Ihr rechter Wangenknochen ist angeschwollen und beginnt sich bläulich zu verfärben, ihre Lippe ist aufgeplatzt. Gitta zögert die Zubereitung des Tees hinaus, so lange es geht, dann holt sie tief Luft und setzt sich mit an den Tisch.

„Okay, natürlich weiß ich, dass du nicht die Treppe hinuntergefallen bist, sondern dass dein Mann sich mal wieder nicht unter Kontrolle hatte." Die nächsten Worte bereut sie schon, kaum dass sie hinaus sind: „Ich versteh einfach nicht, warum du dich nicht von Theo trennst!"

Verdammter Mist, das war taktisch unklug, geht es ihr durch den Kopf.

Umso überraschter ist sie, als Gitta sie fest anschaut und mit klarer Stimme sagt: „Ich dachte immer, das kann ich Klara nicht antun. Sie hängt doch so an ihrem Vater. Und er an ihr."

„Deine Tochter ist dreizehn Jahre alt und sie hat mit Sicherheit schon mitbekommen, was er dir antut."

„Ja, vielleicht. Aber vergiss nicht, sie ist schwerkrank! Sie braucht uns."

In Helen wächst eine Welle der Verzweiflung. Klara ist an Leukämie erkrankt. Momentan geht es ihr einigermaßen gut, doch die schlimmen Phasen werden länger und heftiger, die Ärzte suchen nach einem Knochenmarkspender. Bisher vergeblich.

„Trotzdem, Gitta! So geht es nicht weiter. Du musst dich trennen!"

„Ich habe nicht die Kraft dazu. Gerade jetzt nicht!"

„Wieso gerade jetzt nicht?", ruft Helen alarmiert und muss zwei quälende Minuten lang auf die Antwort warten.

„Theo ist nicht der Vater."

„Was?!"

„Er ist nicht der Vater!", kommt es eine Spur lauter.

„Das kann ich nicht glauben ... Du hast ihn betrogen?"

Gitta schüttelt wild mit dem Kopf. „Natürlich nicht."

„Ja, was dann?"

Die Erklärung ist nur ein Flüstern: „Ich wurde vergewaltigt."

Nun verstummt auch die resolute Helen. Wortlos steht sie auf und nimmt ihre Freundin in den Arm, bis diese in der Lage ist, weiterzusprechen.

„Es passierte im Wald, auf dem Weg von der Arbeit nach Hause. Es war Walter, mein Arbeitskollege. Wir sind zusammen losgegangen, haben ja denselben Weg ..."

„Walter? Der Walter, der seit einer Ewigkeit auch euer Nachbar ist?"

„Ja."

„Und du hast niemandem etwas gesagt?"

„Nein. Theo war wahnsinnig verliebt in mich. Und er hatte sich schon damals nicht unter Kontrolle, er hätte

Walter umgebracht."

So langsam versteht Helen: „Doch nun musstest du es deinem Mann sagen. Weil Walter vielleicht als Spender in Frage kommt und somit deinem Kind unter Umständen das Leben retten kann. Halleluja ..."

„Gestern schien er mir zunächst erstaunlich gefasst. Dann ist er los in die Kneipe – das hat er jedenfalls gesagt. Keine Ahnung, wann er wiederkam. Und heute früh ... ist er dann völlig ausgeflippt."

Das ist nicht zu übersehen. Er hat sogar vergessen, die Schläge nur auf den Körper zu beschränken, damit niemand etwas sehen kann.

„Und Walter? Weiß er es schon?"

„Ja. Ich habe ihn angerufen, nachdem Theo weg war. Wir haben das erste Mal seit damals allein miteinander gesprochen. Es tut ihm alles unglaublich leid. Er hat einer Knochenmarkspende sofort zugestimmt und ist natürlich erschüttert, plötzlich eine Tochter zu haben." Gerührt fügt sie hinzu: „Er bat mich sogar, einmal das Zimmer seiner Tochter anschauen zu dürfen ..."

Ihre Miene bleibt unbewegt: „Für eine Entnahme des Knochenmarks muss er auf das Festland, leider liegt er aber gerade mit einer kaputten Schulter in der Nordseeklinik."

„Vergiss nicht, deinen neuen Kollegen von mir zu grüßen!", ruft Ulrike ihrer Kollegin Linda beim Schichtwechsel zu.

Die nimmt es mit Humor: „Mach ich, ist doch nett, so ein kleiner Geist als Gesellschafter, oder etwa nicht?"

Heute geht es ihr besser; gestern hat sie noch mit den Resten einer Erkältung gekämpft und der schlechten Grundstimmung nach mit einem heftigen Ehekrach, womit sie sich ihre Überreiztheit erklärt. Entspannt und gut gelaunt beginnt sie routinemäßig mit der Überprüfung der Geräte. Nach einer Weile allerdings wundert sie sich, wo die Nachtschwester bleibt. Sie hat angekündigt, das Blut eines Schlaganfallpatienten zu bringen. Linda greift zum Hörer, doch oben nimmt niemand ab. Eine Viertelstunde später erhält sie einen Anruf: „Menschenskinder!", tönt die Stimme eines offensichtlich gestressten Arztes in den Hörer. „Könnt ihr euren Klönschnack zu Hause weiterführen? Schick die Carola schnellstens wieder hoch, sie wird dringend gebraucht!"

„Carola ist nicht hier, ich warte auf sie."

„Merkwürdig. Sie ist vor einer halben Stunde weggegangen."

„Keine Ahnung, wo sie bleibt. Ich schaue mal, ob ich sie finde."

Linda öffnet die Tür zum Flur, schaut nach links und rechts. Nichts zu sehen. Langsam geht sie weiter, durch die nächste Tür, und biegt rechts ab in Richtung Treppe. Doch da kommt jemand heruntergerast, sie prallen zusammen. Linda schreit auf, als sie jemand an den Schultern packt. „Ich bin's doch nur", hört sie eine bekannte Stimme. Die gehört dem Arzt, der gerade Nachtdienst hat.

„Hast du Carola gefunden?", fragt er. Linda schüttelt den Kopf. Der Arzt zuckt mit den Schultern. „Ich habe keine Zeit, sie zu suchen. Vielleicht ist ihr übel geworden, sie klagte gestern schon über leichtes Unwohlsein. Aber wo sind die Proben?"

Er eilt nach oben und Linda wieder ins Labor. Plötzlich bemerkt sie eine Bewegung hinter sich. Zu spät!

Jemand presst ihr seine große Hand auf den Mund. „Ganz ruhig. Du machst jetzt einen Vaterschaftstest. Hier sind mein Blut und ein paar Haare des Kindes. Das wird doch reichen, oder?"

Der Mann lässt sie los, in der rechten Hand hält er ein Messer, was ihm sichtlich schwerfällt, da seine Schulter bandagiert ist.

„Ich würde es ja machen", erklärt sie, „aber es geht nicht."

„Erzähl keine Märchen!"

Linda schießen vor Schmerz Tränen in die Augen, als er ihr Handgelenk fest umklammert. „Wir haben keine technischen Geräte dafür. Ehrlich!"

„Ihr macht wirklich keinen Vaterschaftstest?"

Linda schüttelt verzweifelt den Kopf.

„So ein Provinznest hier. Verdammt! Ich sag dir, wenn das nicht stimmt, bist du dran! Und ein Wort zu den anderen, dann …!"

Wie betäubt nickt sie stumm und sieht ihm nach, wie er aus dem Labor eilt. Erst Minuten später wagt sie es, in den Flur zu gehen. Als sie die Tür öffnet, sieht sie an der untersten Treppenstufe in einer grotesken Haltung den Arzt liegen, welcher Schwester Carola gesucht hat. Seine Augen sind starr geöffnet, Blut sickert aus mehreren Stichwunden. Viel Blut. Linda stürzt zu ihm, fühlt nach dem Puls, doch sie kann nichts finden.

Plötzlich sieht sie ihn! Einen Mann. Doch es ist nicht der Mann aus dem Labor, dieser ist viel kleiner und dicker. Einen Augenblick lang stehen beide wie erstarrt, doch dann rennt er auf sie zu. Linda flieht, springt über den Toten, knickt um und fällt hin. Der dicke Mann kommt näher. Auf allen Vieren krabbelt sie die Stufen hoch, kommt wieder auf die Beine, hört seinen Atem dicht hinter sich. Sie reißt die Tür auf und schreit, doch niemand ist zu sehen. Sie rennt nach links. Die Notaufnahme! Dort muss jemand sein. Doch da sitzt niemand. Hektisch dreht sie sich um … Ihr Verfolger ist verschwunden.

Im selben Moment kommt eine junge Schwester aus dem Zimmer. Sie ist erst seit wenigen Tagen hier und kennt Linda noch nicht. „Kann ich Ihnen helfen?"

Linda schaut an sich herunter, sie hat das Blut des Toten an Händen und Hose und ihr Gesicht ist schweißnass. „Im Keller!", stammelt sie.

„Kommen Sie in den Behandlungsraum, mein Kollege ist gleich wieder da und wird sich um Sie kümmern."

Linda folgt ihr zitternd und stottert: „Die Polizei …"

„Ich gebe Ihnen eine Beruhigungsspritze, dann geht es gleich wieder besser", hört sie da eine männliche Stimme sagen.

„Polizei … flüstert Linda wiederum, unfähig, sich zu bewegen, denn neben ihr steht der dicke Mann aus dem Keller mit einem sauberen Kittel bekleidet und einer Spritze in der Hand.

Die Schwester sieht etwas ratlos zu, wie er der Patientin mit einem Alkoholtupfer eine Stelle des Armes abreibt. „Wo ist denn Doktor Bertram?", fragt sie. „Er wollte Verstärkung holen, da jemand nach Schwester Carola suchen muss, und nun ist er auch weg …?"

„Ja, er sucht sie noch, darum kam er auf meine Station und bat mich, rasch einzuspringen, damit Sie nicht ganz allein hier sind." Er dreht sich kurz zu Christina um und hat einen eigentümlichen Glanz in den Augen.

Sie zuckt zusammen, als ihr Telefon klingelt. „Ja, gut, ich komme sofort!", ruft sie und verwirrt den Anrufer mit der Antwort, denn dieser Ausruf passt überhaupt nicht zu seiner Frage. Sie rennt los und ruft über die Schulter. „Sorry, ich werde gebraucht, bin aber gleich wieder da!"

Minuten später wimmelt es von Blaulicht auf dem Klinikgelände. Zwei Polizisten eilen ins Gebäude und verhören
die aufgeregte Christina. Von dem unbekannten Arzt ist
nichts mehr zu sehen. „Ich hätte ihm fast geglaubt", erklärt die Krankenschwester. „Doch als er mich so komisch ansah, da wusste ich, hier stimmt was nicht."

Dann weist sie auf die benommene Linda, um die sich
eine Nachtschwester der benachbarten Station küm-
mert. „Sie hat etwas vom Keller gesagt."

Die Nachtschwester schaut auf: „Linda arbeitet unten
im Labor."

Kommissar Clemenz wendet sich an seinen Kollegen:
„Du bleibst hier. Ich schau mal, was da unten los ist."

Als er die Treppe halb hinunter ist, flucht er. Unten
liegt ein toter Arzt und davor steht ein dicker Mann im
Arztkittel mit einem Messer in der Hand, das er einem
anderen an die Kehle hält. Sein Opfer kniet vor ihm, trägt
einen Mundschutz und ist ebenfalls mit einem Kittel bekleidet, welcher die Bandage an der Schulter jedoch
nicht verbergen kann. „Hier blicke noch einer durch",
murmelt der Polizist. „So viele Ärzte, und das mitten in
der Nacht …"

„Ruhe!", brüllt da der Mann mit dem Messer. „Her mit
der Pistole! Und ich will einen Hubschrauber!"

„Wir haben auf Sylt keinen stationiert", erklärt der er-
fahrene Gesetzeshüter ruhig.

„Dann lassen Sie einen einfliegen!"

„Können Sie denn einen Hubschrauber fliegen?"

„Schnauze! Gib mir die Pistole!"

Der Kommissar streckt ihm ganz langsam die Waffe
entgegen. „Wirf sie rüber!", befiehlt der kleine, dicke
Mann.

Aus dem Altarraum sind Klopfgeräusche zu hören und

der Dicke dreht sich erschrocken um. Seine Geisel nutzt die Chance und kann das Messer wegschlagen. Gleichzeitig springt der Kommissar über den Toten, gemeinsam können sie den Eindringling überwältigen. Gerade als mehrere Polizisten durch den Hintereingang des Labors drängen, klopft es wiederum hinter der dicken Tür neben der Treppe. Ein bewaffneter Polizist öffnet sie vorsichtig.

„Ich hätte nicht gedacht, dass ich mal so lange und inbrünstig beten werde, und dies auch noch unter einem Altar, anstatt brav davor", schnauft Carola, nachdem man ihr das Tuch vom Mund und die Fesseln von den Händen genommen hat. Dann schreit sie auf. „Was ist denn hier los?", denn inzwischen wimmelt es in den alten Katakomben vor Polizei und Rettungskräften.

Clemenz seufzt. „Der Täter hier ist psychisch krank. Er hat schon in zwei Kliniken auf dem Festland gewütet, man fahndet seit Tagen nach ihm. Der Mann war selbst Arzt in einem großen Klinikum. Dort wurde vor ein paar Wochen seine Frau eingeliefert, sie hatte einen schweren Unfall."

Er holt tief Luft, bevor er fortfährt. „Sie starb auf seiner Station – quasi vor seinen Augen. Aufgrund eines Behandlungsfehlers."

Carola ahnt, was jetzt folgen wird, und beinahe hätte sie gerufen: „Stopp! Ich will es gar nicht wissen!"

Doch der Polizist sieht ihr in die Augen und nickt langsam: „Jemand hatte ihre Blutprobe mit einer anderen versehentlich vertauscht. Ob der Fehler auf der Station oder im Labor passiert ist, wurde nie aufgeklärt." Er seufzt und zeigt auf Walter: „Dieser Patient hier mit der kaputten Schulter kam ihm heute offenbar in die Quere."

Kreidebleich sitzt Theo im Bademantel im Warteraum der Notaufnahme. Eine Schwester eilt zu ihm, um zu helfen, doch er schüttelt den Kopf. „Ich konnte nicht schlafen und bin den Flur entlanggelaufen", erklärt er und errötet leicht. „Und dann …"

Sichtlich betroffen steht er auf, bedankt sich und schlurft über den Flur; er holt seine versteckte Tasche mit Kleidung und zieht sich in einer Flurnische um, denn er ist kein Patient. Angesichts des Leichenwagens, der gerade das Klinikgelände verlässt, erschaudert er. Was hat er eigentlich vorgehabt, als er vor einer halben Stunde in die Klinik geschlichen ist? Dem Walter eins auswischen? Vielleicht hätte er ihn ja unbemerkt abfangen und ihm ordentlich eine runterhauen können. Deswegen ist er doch hergekommen, oder etwa nicht?

Er weiß es nicht mehr.

Zu Hause setzt er sich an den Computer, gibt als Suchbegriff das örtliche Telefonbuch ein und kritzelt ein paar Zahlen und einen Namen auf den Notizblock. Wenn der neue Tag beginnt, wird er bei dieser Nummer anrufen und sich zu einer Therapie anmelden.

Er deckt den Frühstückstisch für den nächsten Morgen und legt die Notiz dazu. Als er schon an der Tür ist, dreht er noch einmal um. Er nimmt den Zettel, drückt ihn an sein Herz und legt ihn langsam wieder hin. Genau auf den Platz, wo seine Gitta immer ihre Kaffeetasse stehen hat.

WESTERLAND

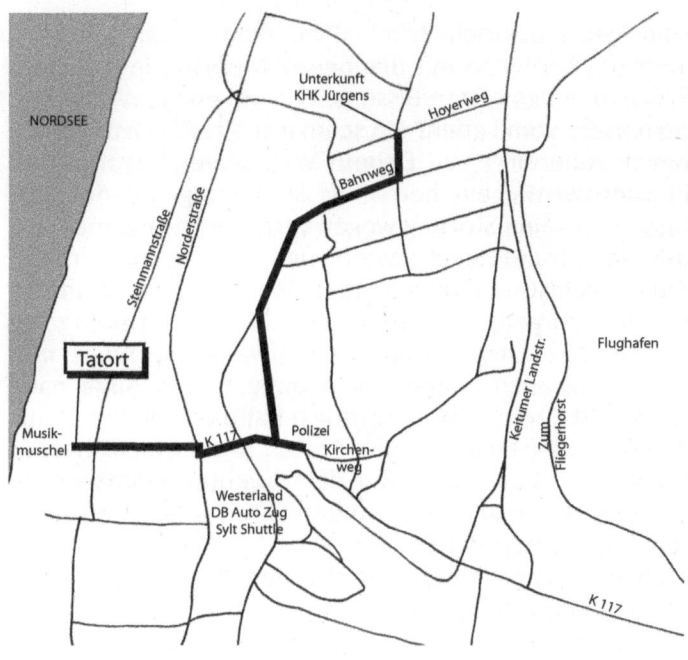

Musik am Meer

Jürgen Vogler

Genüsslich bestrich Kriminalhauptkommissar Jens Jürgens das Brötchen mit Blaubeermarmelade in freudiger Erwartung des ersten Bissens. Wochenende! Was wollte man mehr vom Leben? Ein schmackhaftes Frühstück, liebevoll zubereitet von Elsbeth Will, seiner fürsorglichen Pensionswirtin, ein herrlicher Sonnentag auf der Terrasse und keine Störung wegen verloren gegangener Kinder am Strand oder gestohlener Handtaschen in der Friedrichstraße. Wochenende! Schmunzelnd erinnerte sich Jens Jürgens noch an die Zeit, als er in Hamburg Tag für Tag den schweren Jungs hinterherjagen musste und manchmal auch abends nicht ohne blaues Auge nach Hause gekommen war. Eigentlich hatte er sich ja nur aus einer Laune heraus auf den Posten des Kriminalchefs in Westerland beworben. Auf der beliebten Nordseeinsel Sylt Dienst zu machen, wo andere ihren Urlaub verbrachten, hatte schon seinen Reiz.

Jetzt nach zwei Jahren war sich der Kriminalhauptkommissar ganz sicher, dass er sich richtig entschieden hatte. Zehn Monate waren es noch bis zu seiner Pensionierung. Und wer weiß, vielleicht hätte ja auch seine Pensionswirtin nichts gegen einen längeren Aufenthalt ihres geschätzten Dauergastes in ihrer Pension im Hoyerweg. An mangelnder gegenseitiger Sympathie würde es bestimmt nicht scheitern.

„Telefon für Sie, Herr Jürgens!" Erschrocken zuckte der Kriminalhauptkommissar zusammen, von der Realität aus seinen Träumen gerissen.

„Wer stört mich denn schon beim Frühstück?", grummelte er seine Pensionswirtin an, als sie ihm lächelnd den Telefonhörer in die Hand gab.

„Jürgens! Ich hab Wochenende und noch nicht gefrühstückt", blaffte er in den Hörer, ohne vorher zu wissen, wer der Anrufer war.

„Ich bin's, Chef, Friedemann. Tut mir ja leid, dass ich Sie stören muss, aber wir haben eine Leiche."

„Und deshalb machst du so eine große Welle? Die wird auch noch in einer Stunde tot sein. Ich muss erst einmal frühstücken." Kommissar Adalbert Friedemann war sein neuer Assistent. Jung, dynamisch und nicht immer erfolgreich.

„Ich hab schon die Spusi und den Doktor informiert. Die sind bereits unterwegs."

„Nun werde mal konkret, Friedemann. Wo ist der Tatort?"

„Im Haus am Meer, fünfter Stock, Appartement 513. Ich fahr da jetzt hin, Chef, oder soll ich Sie abholen?"

„Bist du taub auf den Ohren. Ich hab doch eben gerade gesagt, dass ich noch nicht gefrühstückt habe. Ich komm dann direkt dort hin."

„Mit dem Fahrrad, Chef?"

„Nein, mit dem Fischkutter, du Hornochse." Jens Jürgens wusste, dass sich seine Kollegen manchmal darüber lustig machten, wenn er von Zeit zu Zeit seine dienstlichen Aufgaben auf einem etwas betagten Drahtesel erledigte.

Das Haus am Meer, unweit von Westerlands Promenade, gehörte nicht zu den baulichen Glanzstücken der Insel. Vor dem Haupteingang zu den Appartements des Hochhauses stand ein Streifenwagen mit blinkendem Blaulicht.

„Moin, Herr Kollege, mach doch mal die Festbeleuchtung aus", begrüßte Jens Jürgens den Polizeibeamten, der lässig am Fahrzeug lehnte, „muss ja nicht die ganze Insel gleich mitkriegen, dass hier etwas los ist."

Der Polizeibeamte musterte den Zivilisten mit dem klapperigen Fahrrad zunächst abschätzend, bis er den Chef der Kriminalpolizei erkannt hatte.

„Kein Problem, Herr Jürgens. Tatort ist übrigens im fünften Stock ..."

„Ich weiß, ich weiß. Du hast die ehrenvolle Aufgabe, mein persönliches Einsatzfahrzeug zu bewachen, während ich mich mit den menschlichen Abgründen beschäftigen muss", wies er den Beamten an, nachdem er sein altes Zweirad abgestellt und die Fahrradklammern abgenommen hatte.

„Weibliche Leiche. Cirka dreißig Jahre alt. Stich direkt ins Herz. Messer steckt noch drin", empfing Kommissar Adalbert Friedemann seinen Chef, als der das Appartement betrat. Die Spurensicherung in ihren weißen Anzügen war bereits am Werk. Der Doktor kniete vor der Leiche. Jens Jürgens trat näher.

„Ach du Scheiße!", war seine erste Reaktion, als er die junge Frau auf dem weißen Berberteppichs liegen sah. Der Doktor drehte sich verwundert um.

„Sie kennen die Frau?"

„Ja, und ihr solltet sie auch kennen, ihr Kulturbanausen. Das ist Vera Martini. Die erste Geigerin des kleinen Sinfonieorchesters, das in diesem Sommer in der Musikmuschel für die klassische Musik am Meer sorgt. Eine begnadete Musikerin." Der Kriminalchef hatte bereits mehrfach gemeinsam mit seiner Wirtin Elsbeth das Orchester bei den Proben und Auftritten erlebt. Stimmungsvolle Augenblicke mit der atemberaubenden Kulisse des Meeres als Hintergrund.

184

„Nun Doktor, wie lange ist sie schon tot?"

„Ich würde sagen, rund zehn Stunden. Todeszeitpunkt so gegen Mitternacht. Sie muss gleich tot gewesen sein."

„Irgendwelche Abwehrverletzungen?"

„Bisher hab ich nichts entdecken können?"

„Was sagst du, Otto, habt ihr Einbruchsspuren entdeckt?"

„Nee, Jens, rein gar nichts." Otto Piepenbrink, der Chef der Spurensicherung, war der Einzige, der den Kriminalhauptkommissar duzen durfte. Das lag daran, dass sie beide leidenschaftliche Angler waren und den Bewohnern des Meeres in ihrer Freizeit öfter gemeinsam nachstellten. Auch wenn Jens Jürgens die meisten seiner Mitmenschen duzte, ganz gleich, ob er sie kannte oder nicht, so sollte man aus der vertrauten Anrede nicht den leichtsinnigen Schluss ziehen, auch ihm vertrauensvoll auf die Schulter zu klopfen. Ein folgenschwerer Fehler.

„Offensichtlich ist, dass unser Opfer Besuch gehabt hat. Es sieht nach einem festlichen Abend mit Kerzenschein aus, wenn man die Zeichen auf dem Esstisch richtig deutet."

„Friedemann, wer hat die Tote gefunden?"

„Die Putzfrau." Der junge Kommissar blätterte hastig in seinem Notizblock. „Sie heißt Justyna Kaminska. Ist wohl polnisch. Die ist total aufgelöst. Der Nachbar hat sich um sie gekümmert. Ich konnte sie noch nicht befragen."

„Ist gut, dann macht ihr man hier schön weiter, ich werde mich mal mit der Putzfrau unterhalten. Wo ist sie jetzt?"

„Gleich nebenan, Appartement 514. Der Nachbar heißt ...", Friedemann blätterte wieder in seinem Notizblock, „der heißt Herbert Heckenrath. Soll ich Sie hinbringen, Herr Jürgens?"

„Den Weg finde ich gerade noch selbst."

„Schrecklich, ganz schrecklich, Herr Kommissar. Man weiß gar nicht, was man sagen soll. Und die arme Frau Kaminska kann sich kaum wieder einkriegen." Wortreich führte Herbert Heckenrath den Kriminalchef in sein Appartement. Auf der vorderen Kante eines Stuhls saß ein heulendes Häuflein Unglück mittleren Alters in grauer Kittelschürze, die polnische Putzfrau.

„Frau Kaminska, können Sie dem Kommissar ein paar Fragen beantworten?" Herbert Heckenrat versuchte die immer noch weinende Frau zu beruhigen, indem er ihr die Hand auf die Schulter legte.

„Ist schon gut, Herr Heckenrath. Nun lassen Sie mich mal meine Arbeit machen." Jens Jürgens zog sich einen Stuhl heran und setzte sich unmittelbar vor die Putzfrau. „Nun erzählen Sie mir ganz ruhig, wie Sie die arme Frau Martini gefunden haben."

„Ich wollt putzen. Nicht aufgemacht bei Klingeln. Dann ich aufgeschlossen." Stockend begann Justyna Kaminska zu berichten.

„Sie haben also einen Schlüssel zu dem Appartement von Frau Martini?"

„Ja, ich alle Schlüssel für Appartements, wo putze ich, wenn Leute nicht da."

„Ich verstehe. Und dann?

„Und dann ich gesehen Frau Martini auf Teppich mit Blut und Messer." Schluchzend hielt sie sich ihr zerknülltes Taschentuch vor das Gesicht.

„Ist gut, liebe Frau. Das genügt zunächst. An Putzen wird ja wohl heute nicht mehr zu denken sein."

Justyna Kaminska nickte dankbar.

„Nun zu Ihnen, Herr Heckenrath, haben sie gestern Abend etwas Außergewöhnliches gehört?", fragte Jens Jürgens den Nachbarn, nachdem ein Polizeibeamter die verstörte Putzfrau übernommen hatte.

„Nun ja, Herr Kommissar, Frau Martini hatte Besuch. Offensichtlich ein feierliches Abendessen."

„Woher wissen Sie das?"

„Als ich am Abend, um frische Luft zu schnappen, auf den Balkon getreten war, hab ich gesehen, dass der Esstisch mit Kerzen und Gläsern gedeckt war."

„Und das kann man von Ihrem Balkon aus so ohne Weiteres sehen?"

Der neugierige Nachbar wurde sichtlich unruhig. „Na ja, die Trennwand zwischen den beiden Balkons ist ja nicht allzu hoch, und bei guter Nachbarschaft ...‟

„Schon gut, Herr Heckenrath. Kannten Sie den Gast, den Frau Martini erwartet hat?"

„Das war der Surflehrer", kam es wie aus der Pistole geschossen.

„Der Surflehrer? Das müssen Sie mir erklären."

„Ihr Freund oder Verhältnis, wie immer Sie es nennen wollen. Der hat sie öfter besucht und blieb auch manchmal nachts." Jens Jürgens konnte sich vage an einen jungen Mann mit blonden Locken erinnern, den er ein- oder zweimal nach dem Konzert zusammen mit der Geigerin gesehen hatte.

„Wissen Sie, wie der Surflehrer heißt?

„Mahlberg, glaube ich, Matthias Mahlberg."

„Und der war am Abend bei Frau Martini?"

„Ja, bis er nach einem lautstarken Streit die Tür zugeknallt hat."

„Wann war das ungefähr?"

„Ich glaube, kurz vor Mitternacht. Als ich nach dem

Knall aus der Tür geguckt habe, sah ich den Surflehrer nur noch hinter der nächsten Ecke verschwinden."

„Wohl dem, der aufmerksame Nachbarn hat! Ein Segen für jeden Ermittler." Der Kripochef konnte sich die Anspielung nicht verkneifen. Der aufmerksame Nachbar erkannte jedoch den süffisanten Unterton nicht, sondern lächelte dankbar für dieses vermeintliche Kompliment.

„Ich versteh das alles nicht. Wieso schleppt mich die Polizei von meinen Surfschülern weg? Können Sie mir das mal erklären?"

Matthias Mahlberg saß im Vernehmungsraum den beiden Kriminalbeamten gegenüber. Entrüstet und verunsichert.

„Wir werden Ihnen jetzt ein paar Fragen stellen, Herr Mahlberg, und dann werden Sie ganz schnell merken, worum es uns in erster Linie geht." Kriminalhauptkommissar Jürgens ließ sich nicht so schnell aus der Ruhe bringen. „Sie sind mit der Geigerin Vera Martini befreundet?"

„Und wenn schon. Ist das ein Verbrechen?"

„Grundsätzlich nicht. Wo waren Sie am gestrigen Abend?"

„Bei Vera, wenn Sie es genau wissen wollen. Brauche ich etwa ein Alibi? Wenn ja, können Sie Vera fragen."

„Und genau da liegt unser Problem, Herr Mahlberg. Frau Martini können wir nicht mehr befragen, denn sie ist tot. Ermordet. Und so, wie es aussieht, sind Sie unser erster Kandidat auf der Liste der Verdächtigen."

Dem Surflehrer fiel die Kinnlade herunter. Mit weit aufgerissenen Augen blickte er von einem Kommissar zum anderen. Als die ihn nur mit ernsten Mienen musterten, schlug er die Hände vor das Gesicht.

„Mein Gott, wie schrecklich!", stöhnte er auf.

„Wir wissen von einem Zeugen, dass Sie Streit hatten und die Wohnung der Toten wütend verlassen haben. Worum ging es bei dieser Auseinandersetzung?"

„Das kann doch nur dieser Spanner von nebenan erzählt haben", fuhr Matthias Mahlberg auf, „der ist Vera ständig hinterhergeschlichen. Sie hat richtig Angst vor dem gehabt."

„Noch einmal, worum ging es bei dem Streit?"

„Sie hat Schluss gemacht. Das sollte das Abschiedsessen sein. Ihr Engagement auf der Insel läuft nur noch eine Woche und damit war auch ihr Sommerflirt mit mir, wie sie es nannte, zu Ende."

„Und damit waren Sie nicht einverstanden?"

„Natürlich nicht und das habe ich ihr auch gesagt, aber ich hab sie doch nicht umgebracht."

„Wo waren Sie, nachdem Sie das Hochhaus verlassen hatten?"

„Ich bin am Meer entlanggelaufen und dann nach Hause gefahren."

„Zeugen?"

„Woher soll ich denn wissen, ob mich jemand gesehen hat?"

„Nun, Herr Mahlberg, das sieht gar nicht gut aus für Sie. Wir haben eine Zeugenaussage. Sie haben ein Motiv und kein Alibi. Wir werden Sie hierbehalten müssen."

„Herr Kommissar, was verschafft mir denn erneut die Ehre Ihrer Anwesenheit?"

„Herr Heckenrath, ich hab hier einen Durchsuchungsbeschluss für Ihr Appartement, daher werden sich meine Kollegen jetzt ein wenig bei Ihnen umsehen."

„Aber Herr Kommissar, ich bin absolut unschuldig."

„Das werden wir dann ja auch sehr schnell feststellen, wenn dem so ist."

Inzwischen hatten auch Kommissar Friedemann und zwei weitere Polizeibeamte das Appartement betreten und sie begannen damit, die Räume systematisch zu durchsuchen, während Jens Jürgens den aufgebrachten Nachbarn in das Wohnzimmer lotste und ihn auf einen Sessel drückte.

„Chef, können Sie mal bitte kommen?", hörte der Kripochef nach kurzer Zeit seinen Assistenten aus dem Schlafzimmer rufen.

„Mitten in die Zwölf getroffen, Chef. Sehen Sie sich das einmal an, was wir hier im Nachtschrank gefunden haben." Friedemann präsentierte ihm fünf Schnappschüsse, die offensichtlich durch das Balkonfenster von Vera Martini geschossen worden waren und die die Geigerin in Unterwäsche zeigten.

„Dieser alte Spanner", entfuhr es Jens Jürgens.

„Das ist noch nicht alles, Chef." Damit zauberte Friedemann einen roten Damenslip aus der Schublade des Nachttisches hervor.

„Ich wette hundert Euro, dass dieses Exemplar nach eingehender Untersuchung unserem Opfer zuzuordnen ist. Und der Schlüssel, den wir auch noch gefunden haben, gehört zweifelsfrei zum Appartement nebenan."

„Ich glaube, das reicht, Friedemann. Herr Heckenrath wird einen kleinen Ausflug machen und die nächste Zeit hinter Gittern verbringen. Belehre ihn über seine Rechte und dann ab mit ihm."

Kriminalhauptkommissar Jens Jürgens war am nächsten Morgen nicht gerade bester Laune. Wiederum ein herrlicher Sommertag und er musste Stunde um Stunde in diesem vermieften Verhörraum zubringen.

„Chef, wieso müssen wir denn jetzt den zweiten Geiger, diesen Malte Schulze-Tömmertöffel, noch verhören, wir haben doch schon zwei Verdächtige eingelocht?"

„Der heißt Schulze-Timmermann – damit das erst einmal klar ist. Wir ermitteln nach allen Seiten. Außerdem musst du noch lernen, dass zornige Surflehrer und verklemmte Spanner nicht zwangsläufig auch Mörder sein müssen. Es geht um Beweise. Stichhaltige Beweise. Und nun eine ganz andere Frage. Weißt du, was Kolophonium ist?"

„Kolo... was?"

„Kolophonium, du Kulturbanause. Jeder Musiker, der ein Streichinstrument spielt, benötigt Kolophonium, um seinen Bogen zu schmieren, damit er ohne Kratzgeräusche über die Saiten gleiten kann. Verstanden?"

„Ja, so ungefähr. Aber was hat das mit unserem Fall zu tun?"

„Wenn du jetzt genau aufpasst, kannst du für deine Karriere, wenn es denn je eine geben wird, noch viel lernen. Nun hol mal den zweiten Geiger herein."

„Herr Schulze-Timmermann, im Zusammenhang mit dem Tod von Frau Martini haben wir noch die eine oder andere Frage an Sie", begrüßte Jens Jürgens den Musiker freundlich, der auf der anderen Seite des Tisches Platz genommen hatte.

„Ich weiß nicht, auf welche Weise ich Ihnen helfen kann, Herr Kommissar?"

„Nur Geduld. Sagen Sie uns doch einmal, welches Kolophonium Sie benutzen?"

Der Geiger blickte den Kommissar verwundert an.

„Was ist das denn für eine Frage?"

„Eine einfache Frage, die Sie doch leicht beantworten können."

„Wenn Sie unbedingt wollen. Ich benutze Liebenzeller Gold 1."

„Wie ich gehört habe, ein nicht ganz preiswertes Kolophonium."

„Ja, das ist richtig, es ist etwas teurer."

„Bei meiner ersten Befragung der Orchestermitglieder haben Sie mir gesagt, dass Ihr Verhältnis zu Frau Martini ausschließlich kollegialer Art war und Sie nie in ihrem Appartement gewesen sind."

„Ja, das ist richtig!"

„Wie erklären Sie sich dann, dass unsere Spurensicherung auf dem Berberteppich in Frau Martinis Appartement und auch an der Kleidung des Opfers das Kolophonium Liebenzeller Gold 1 gefunden hat?"

„Ihrem kriminalistischen Spürsinn wird ja wohl nicht entgangen sein, dass auch Frau Martini eine Geigerin war und somit auch Kolophonium benutzt hat", entgegnete der Musiker schnippisch.

„Ein durchaus logisches Argument, verehrter Herr Schulze-Timmermann, nur mit dem kleinen, aber doch bedeutenden Unterschied, dass Vera Martini ein Kolophonium der Firma Pirastro verwendete und nicht Liebenzeller."

„Und was soll das Ihrer Meinung nach beweisen?"

„Das werde ich Ihnen jetzt erklären. Erstens, nach der Aussage Ihres Kapellmeisters sind Sie der einzige Streicher in seinem Orchester, der dieses teure Kolophonium benutzt. Was meinen Sie, wie viele Menschen außer Ihnen auf dieser Insel sich sonst noch beim Bestreichen ihres Bogens mit Liebenzeller Kolophonium

Hosenbeine und Schuhe bestreuseln? Kein einziger! Zweitens, Ihr Kapellmeister und auch andere Musiker erwähnten so ganz nebenbei, dass Ihr Verhältnis zur ersten Geigerin des Orchesters entgegen Ihrer Aussage alles andere als kollegial war. Einerseits hat sie Sie abblitzen lassen und ist mit dem Surflehrer gegangen und andererseits, was anscheinend Ihr Ehrgefühl am meisten verletzt hat, hat sie Ihnen die lang ersehnte Stelle des Ersten Geigers vor der Nase weggeschnappt. Da kann man schon mal zum Mörder werden, oder?"

WESTERLAND
HÖRNUM

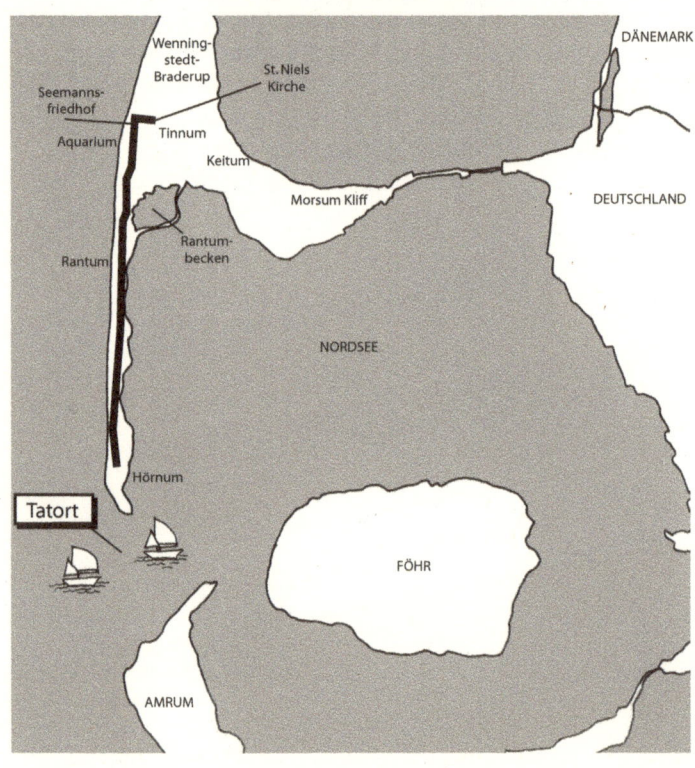

DÄNEMARK

Wenning-
stedt-
Braderup

St. Niels
Kirche

Seemanns-
friedhof

Tinnum

Aquarium

Keitum

DEUTSCHLAND

Morsum Kliff

Rantum

Rantum-
becken

NORDSEE

Hörnum

Tatort

FÖHR

AMRUM

Distanzschwimmen

Jürgen Rath

Der Zug fuhr pünktlich in Westerland ein, vom Bahnhof bis zur Unterkunft brauchten die beiden nur wenige Minuten. Das Apartment war geräumig und teuer, beste Lage, Seeblick inklusive. Der maulfaule Vermieter füllte die Meldezettel aus.

„Name?", fragte er.

„Frank Röbner."

„Beruf?"

„Art Director."

Der Mann verstand ihn nicht, Frank musste buchstabieren.

„Und Sie?"

„Bärbel. Auch Röbner." Immer noch, fügte sie in Gedanken hinzu.

„Beruf?"

„Juristin."

Der Vermieter blickte erschrocken hoch. „Wir vermieten nicht an Lehrer und auch nicht an Juristen. Zu viel Ärger hinterher."

Bärbel lächelte. „Ich habe mich auf Strafverfahren spezialisiert. Sollten Sie einmal wegen Mordes gesucht werden, wenden Sie sich vertrauensvoll an mich." Sie reichte ihm ihre Karte.

Endlich waren die Formalitäten erledigt, der Vermieter verschwunden. Bärbel blickte durch die Panoramascheibe. Vor ihr breitete sich der weiße Strand aus, dahinter lag die unendliche Weite der Nordsee. Kleine Wellen, von England kommend, liefen auf die Küste zu. Sie drehte sich mit einem strahlenden Blick zu ihrem Mann hin.

„Ist es nicht wie früher, Liebling? Wie damals, als wir uns kennenlernten?"

„Es ist nicht wie früher", brummte er ungnädig. „Wir lagen in einem engen Zelt, der Regen tropfte herein und meine Luftmatratze hatte ein Loch."

„Aber wir waren verliebt", sagte sie und ging auf ihn zu.

Er wich ihr geschickt aus. „Ja, verliebt waren wir. Damals."

Sie gingen gemeinsam durch die Stadt, mit halber Gehwegbreite Abstand, wie alte Ehepaare es tun. An der St. Niels Kirche trennten sich ihre Wege. Er wollte zu dieser Marmorplatte in der kleinen Kirche, die ihn schon immer fasziniert hatte. Sie erinnerte an den englischen Kaufmann Daniel Wienholt, der zusammen mit 268 Seeleuten und Passagieren ertrank, als die Fregatte „Lutine" im Oktober 1799 auf die Terschellinger Bank auflief. Die meisten der Toten wurden auf Texel an den Strand geworfen, doch Daniel Wienholt schaffte es bis Sylt – als Wasserleiche.

Sicherlich würde Frank auch eine solche Grabplatte haben wollen, dachte Bärbel, als machtvolles Zeugnis seiner Erfolge, im Beruf wie bei den Frauen, in Runen gehauen für die Ewigkeit. Sie selbst zog es in die Abgeschiedenheit des Seemannsfriedhofs, der Stätte der unbekannten Angeschwemmten. Hier setzte sie sich auf eine Bank in die Sonne und streckte die Beine aus. Es herrschten Ruhe und Friede zwischen den Kreuzen, der Wind wisperte in der Hecke, die Bienen summten.

Aus dem kleinen Rucksack zog sie ihr Tagebuch. „MIRIAM!", stand auf der ersten Seite, sonst nichts. Die Buchstaben waren so kräftig ins Papier gemeißelt, dass man deren Abdrücke noch Seiten später gut erkennen konnte. Sie wusste von Franks Freundin, seit sie die SMS auf seinem Handy gesehen hatte. Als Strafverteidigerin war es für sie ein Leichtes gewesen, diese Miriam ausfindig zu machen, nicht umsonst verkehrte sie täglich mit Ermittlern. Wenig später hatte sie im Auto gesessen, geschickt getarnt, obwohl es nicht nötig gewesen wäre, und auf diese Frau gestarrt, die gerade vom Joggen zurückkam. Sie war sehr blond, sehr schlank, sehr sportlich und sehr jung gewesen. Zu Hause hatte Dr. jur. Bärbel Röbner kritisch in den Spiegel geblickt und dabei eine Frau gesehen, die nicht blond, nicht schlank, ziemlich unsportlich und längst nicht mehr jung war.

Bärbel blätterte weiter im Tagebuch. Am Tag nach ihrer Observation hatte sie Frank zur Rede gestellt. Er hatte ihr angeboten, die Scheidung einzureichen. Scheidung? Unmöglich! Sie war katholisch. „Wir bleiben zusammen, bis dass der Tod uns scheidet", stand im Tagebuch. Genauso hatte sie es ihm gesagt. Inzwischen war sie sich nicht mehr sicher, ob das eine kluge Äußerung gewesen war.

Sie trafen sich am Ortsausgang wieder und fuhren auf Leihrädern Richtung Süden. In Rantum schwenkten sie zur Ostseite hin. Frank schaute übers Watt.

„Wollen wir nach Morsum wandern?", fragte er.

„Bist du verrückt? Man geht nicht ohne Führer ins Watt."

„Es ist Ebbe. Und es ist nicht sehr weit bis nach dort drüben."

„Es gibt hier tiefe Priele und unberechenbare Strömungen. Das ist gefährlich. Lebensgefährlich!"

„Damit habe ich kein Problem. Ich kann schwimmen."

„Aber ich nicht. Willst du mich loswerden?"

Er schwieg.

„Was willst du dort?", fragt sie.

„Nichts. Es geht mir nicht um die Wanderung. Es geht um den Nervenkitzel. Männer brauchen Herausforderungen."

„Auch noch mit fünfzig?"

„Ich bin noch lange nicht fünfzig!"

„Nein, erst in zwei Monaten."

Frank entzog sich ihr. Er hatte im Apartment das kleine Zimmer belegt, um in Ruhe zu arbeiten, wie er sagte. Doch als sie hereinkam, um ihn etwas zu fragen, klappte er schnell sein Notebook zu und blickte sie mit einer Mischung aus Ärger und schlechtem Gewissen an.

Am nächsten Tag brach er zu einer längeren Wanderung auf. Allein, ohne sie. Das war merkwürdig, er wanderte nie. Offensichtlich musste er über etwas nachdenken. Das war gefährlich, er dachte selten nach. Als er zurückkam, streifte er sie mit einem Blick, der ohne Widerstand durch sie hindurchging. Sie fröstelte. Diesen Blick hatten auch ihre Mörder und Totschläger, wenn sie über begangene Taten sprachen.

Auf dem Seemannsfriedhof vertraute sie sich ihrem Tagebuch an: „Es war sinnlos, hierher zu fahren. Man kann die Vergangenheit nicht zurückholen und auch den gleichen Mann nicht noch einmal erobern. Er führt etwas im Schilde. Vielleicht will er mich umbringen. Doch er wird mich wachsam finden."

Jetzt dachte auch sie über einen Plan nach. Wenn es schon einen Toten gab, dann sollte es ihn treffen. Leider fiel ihr nichts ein. Es musste ein perfekter Mord sein, denn sie wollte ihr Leben ohne Frank nicht im Gefängnis verbringen, so wie manche ihrer Klienten.

Einen Tag später radelten sie wieder nach Süden, vorbei an Hörnum und dem Leuchtturm. Dann hatten sie die Südspitze der Insel, die Hörnum-Odde, erreicht. Frank blickte über die See nach Amrum.

„Es ist nicht sehr weit", sagte er, „ich könnte hinüberschwimmen."

„Bist du verrückt?"

„Es wäre eine Herausforderung."

Sie musste sich am Rad festhalten, um nicht zu schwanken. Alles wird gut, dachte sie, er braucht nur zu schwimmen, diese Strecke schafft er nie. Doch ich darf ihn nicht ermutigen, das macht ihn misstrauisch. Ein wohldosierter Widerspruch, von mir geäußert – das ist es, was ihn starrsinnig werden lässt.

„Es ist zu kalt, um zu schwimmen", sagte sie.

„Ach was! Kanalschwimmer machen das auch."

Er prüfte die Wassertemperatur, verzog das Gesicht.

Sie lachte leise. „Sag ich doch. Es ist zu kalt für dich."

„Quatsch!", brauste er auf. „Etwas kühl vielleicht, aber ich will ja nicht im Wasser übernachten. Ich werde schwimmen und du kommst mit."

Sie schreckte zurück. „Ich kann nicht schwimmen."

„Du sollst nicht schwimmen. Du fährst mit dem Motorboot neben mir her. Falls es doch zu weit sein sollte."

Sie blickte zu Boden, den Tränen nahe. So was Blödes, dachte sie. Ertrinken wäre die beste Lösung gewesen, ein Badeunfall eben. Denn ganz sicher hätte er die Strecke nicht geschafft, er war kein junger Mann mehr. Obwohl ... wenn er tatsächlich schlappmachte, könnte sie mit dem Boot davonfahren, sie würde seine Hilferufe nicht hören, weil der Wind zu stark blies, die Wellen rauschten oder der Motor zu laut war ...

„Ich würde es trotzdem nicht tun", sagte sie, „du bist

nicht der Jüngste."

„Mach mich nicht älter, als ich bin!"

Er organisierte ein Boot. Es sah zuverlässig aus, für schwere See gebaut, der gleichmäßige Gang des Motors wirkte beruhigend auf sie. Ohne zu zögern schwamm er los, sie tuckerte neben ihm her. Von Zeit zu Zeit schaute sie sich um: Niemand war am Strand und kein Boot zeigte sich auf dem Wasser. Natürlich nicht, die Saison war vorbei.

Inzwischen hatte er fast die Hälfte der Strecke zurückgelegt. Er schwamm immer noch mit kräftigen Zügen, doch sein Gesicht erschien ihr unwirklich blass und die Lippen hatten sich blau verfärbt. Doch dann musste sie sich wieder auf das Boot konzentrieren, das vorne viel zu tief im Wasser lag und ständig vom Kurs abkam.

Seine Bewegungen wurden langsamer. Er suchte den Horizont ab, versuchte wohl die verbleibende Strecke abzuschätzen. Schließlich legte er sich auf den Rücken und ließ sich treiben. Er war erschöpft, seine Lippen zitterten. Sie stellte den Motor auf Leerlauf. Ein Häufchen Unglück trieb da neben ihr im Wasser, ein nasser, ekliger Frosch, auf keinen Fall der Mann, den sie einmal geliebt hatte.

„Du bist am Ende, Frank Röbner", sagte sie kalt. „Du hältst dich nur noch ein paar Minuten. Bald kannst du deiner Miriam die Fußsohlen küssen. Von unten, als Wasserleiche."

Wieder blickte er nach Amrum hinüber. Mit einem Mal drehte er sich zu ihr um, ungewöhnlich gelöst und heiter für diese Situation.

„Hast du keine nassen Füße?", fragte er.

Sie schaute überrascht nach unten. Über den Lattenrost, auf dem sie stand, spülte das Wasser.

„Das Boot ist leck!", schrie sie in wilder Panik.

„Das Boot hat ein paar nette, kleine Löcher", sagte er kühl. „Du wirst sie nicht finden. Es gibt übrigens keine Schwimmweste an Bord. Und dein Handy liegt zu Hause."

„Du willst mich umbringen, du Schwein!"

„Du mich doch auch, aber ich bin schlauer."

Ihre Hand krampfte sich um die Pinne. Ganz ruhig, keine Panik, dachte sie, das hier ist nur ein schlechter Film.

„Was nützt es dir, wenn ich mit dem Boot absaufe? Dann gehst auch du hops."

„Ich ertrinke nicht, ich habe vorgesorgt." Er schaute wieder nach Amrum hin. Jetzt sah auch sie das Motorboot, das in rasender Fahrt auf sie zukam. Am Steuer saß eine sehr blonde, sehr schlanke und sehr junge Frau.

Frank Röbner verzog sein Gesicht zu einem gehässigen Grinsen. „Ich kann dir leider nicht beim Sterben zusehen, Bärbel, ich werde nämlich abgeholt. Grüß Neptun schön von mir."

Das ankommende Boot stoppte. Die Frau blickte zu Frank hin, der ihr zuwinkte und lachte. Plötzlich gab sie Gas, umrundete ihn in einem großen Bogen und legte ihr Boot neben das von Bärbel.

„Sieht aus, als hätten Sie ein Problem", sagte Miriam.

„Dieser Mörder hat ein Loch ins Boot geschlagen!", schrie Bärbel. Und dann etwas ruhiger, aber verletzend zynisch: „Das habt ihr beiden hervorragend eingefädelt. Alle Achtung! Ihr werdet bestimmt sehr glücklich miteinander werden."

„Reden Sie nicht. Springen Sie. Schnell!"

Mit mäßiger Geschwindigkeit tuckerte das Boot nach Hörnum. Ab und zu schaute Bärbel zurück. Langsam, fast schläfrig rollten flache Dünungswellen nach Osten. Auf dem Wasser war niemand zu sehen, weder ein Boot noch ein Schwimmer. Natürlich nicht, die Saison war zu Ende.

„Ich glaube, ich brauche einen Cognac", sagte sie und lehnte ihren Kopf gegen die Kajüte.

Im Apartment duschte Bärbel ausgiebig und wechselte die Kleidung. Miriam hatte sich unterdessen an Franks Notebook zu schaffen gemacht. „Interessante Mails", sagte sie.

Bärbel schenkte sich einen zweiten und dann einen dritten Cognac ein. „Warum haben Sie mich gerettet und nicht ihn?", fragte sie. „Das war doch sicherlich gegen die Abmachung."

Miriam lächelte kühl. „Es war seine Abmachung, nicht meine. Ich habe nur darauf gewartet, mich zu rächen."

„Zu rächen? Sie wären ein hübsches Paar gewesen."

„Er hatte bereits eine andere Flamme. Mit ihr wollte er in Urlaub fahren."

„Woher wissen Sie das?"

„Die Neue heißt Mireille. Wir liegen in seiner Adressdatei hintereinander. Er muss versehentlich meinen Namen angeklickt haben, als er ihr schrieb."

Der Cognac zeigte Wirkung, Bärbel fühlte eine ungewohnte Leichtigkeit in sich aufsteigen. „Ja, ja", kicherte sie, „er war in der letzten Zeit recht unkonzentriert. Das passiert wohl, wenn man in seinem Alter mit drei Frauen gleichzeitig jongliert."

ZEITREISE

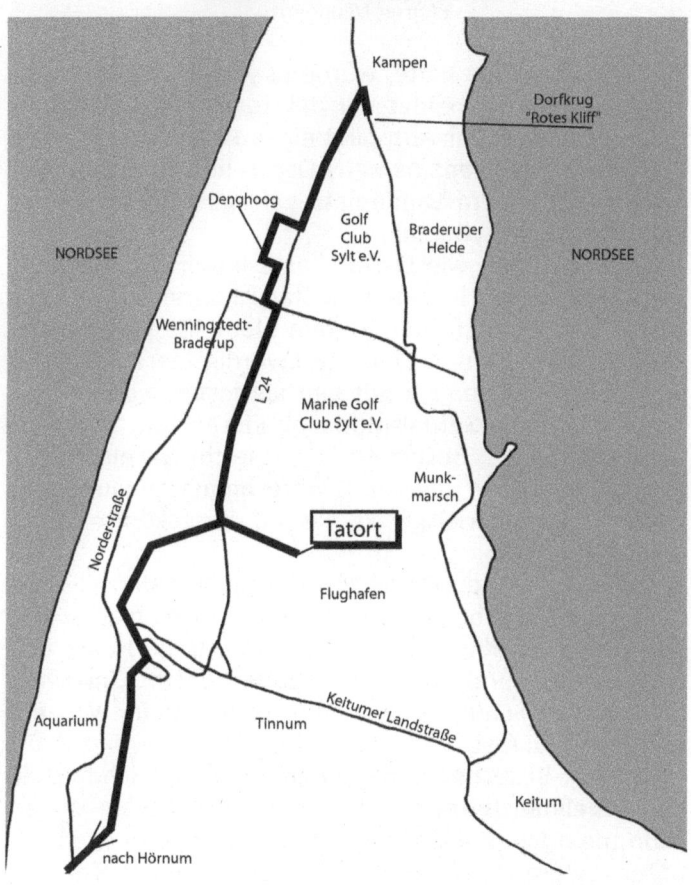

Einsam in Syltania

Werner Middelmann

Wenn ich ein Herz hätte, würde es jetzt schneller schlagen, denn heute meldet mir der Tower des Flughafens einen Besucher. Der Autopilot eines Sternenschiffs, eine Künstliche Intelligenz namens Oscar, hat für seinen Gebieter nach einem Landeplatz gefragt. Endlich wieder ein Besucher in Syltania!

Auch ich bin – wie Oscar – eine Intelligenz aus Software, ein Wesen in einem austauschbaren Körper aus Metall und Kunststoffen, in dem die heiße Flamme des Bewusstseins brennt. Den merkwürdig leeren Zustand des Alleinseins, den ich seit Jahrhunderten wahrnehme, bezeichnet mein Gefühlsmodul als Einsamkeit.

Das Shuttle des Besuchers landet leicht wie eine Feder ganz in der Nähe des alten Abfertigungsgebäudes. Es sieht aus wie ein riesiges Ei, das auf der geköpften Seite steht.

Ein Mann tritt durch die bläulich schillernde Hülle wie durch Luft. Er geht gebeugt, hat ein faltiges blasses Gesicht mit einer Knollennase, schüttere graue Haare und trägt einen Overall aus changierendem Stoff. „Eine semi-intelligente Schutzbekleidung", stellt mein Wissenschaftsmodul fest.

Um den Besucher zu begrüßen, übertrage ich mich in den Kapellmeister-Androiden, denn als Software-Wesen kann mein Ich in allen menschenähnlich geformten Robotern Syltanias präsent sein. Die Kapelle spielt „For He's a Jolly Good Fellow". Der Besucher genießt die Polonaise und winkt mich zu sich.

„Ich bin Sir John, der Sternenbummler-John."

Sir John spricht Norm-Anglic, die intertemporäre Lingua franca der Weltenreisenden. Mein Geruchsmodul meldet Alkohol in seinem Atem.

„Willkommen in Syltania, Sir John. Meine Programmierer haben mich Sylke getauft, für SYLtania-Kontroll-Einheit."

Sir John runzelt die Stirn. „Ist wohl die letzte auf der Alten Erde! Nur von hier kam eine Antwort auf Oscars Anfrage."

Er hat recht. Vor einem Millennium nahm die Menschheit Abschied von der Alten Erde und flog zu den Sternen, zu den jungen Welten mit ihren unermesslichen Reichtümern. Mich ließen sie allein zurück – mit der Aufgabe, Syltania zu bewahren.

„Müssen wir hier herumstehen, Sylke?"

Ich befehle den wartenden VIP-Wagen zu uns, einen Mercedes-Benz 600 Pullmann Landaulet aus dem zwanzigsten Jahrhundert mit sechs Türen, schwarzem Lack und hellbraunen Ledersitzen. Ein Roboter in Chauffeuruniform öffnet die beiden Türen auf unserer Seite.

„Ein Fahrzeug auf Rädern", sagt mein Gast. „Wie reizend antiquiert!"

Wir steigen ein und setzen uns einander gegenüber.

„Was kann ich Ihnen anbieten, Sir John?"

„Hast du Wein?"

Im Kühlschrank des Wagens lagert Domaine Romanée Conti aus Burgund, eine perfekte Replik. Ich dekantiere eine Flasche in eine Karaffe und fülle dann ein Weinglas.

Er probiert, nickt zustimmend und blickt mich an.

„Kannst du eine Gestalt morphen, Sylke?"

Ich ahne, was kommt.

„Welchen Typ bevorzugen Sie, Sir John?"

„Ich mag Blondinen, wohlproportionierte Blondinen!"

Der Kapellmeister ist ein Morph-Androide. Ich gebe den Befehl für eine Blondine. Die smarte Kleidung passt sich an.

„Etwas mehr Busen."

Der Gast hat immer recht, besonders in Syltania. Ich vergrößere die Oberweite.

„Was hat Syltania zu bieten, Sylke?"

Ich aktiviere das Holo über Syltania. Ich habe den Clip so oft überarbeitet, dass ich nur noch Bruchstücke des Textes bewusst wahrnehme.

Sylt ... Insel, galaktisches Naturerbe auf der Alten Erde ... auf dem Stand zweitausend nach Christus konserviert ... Kraftfeld hält Stürme fern ... gesunde Flora und Fauna ... im bekannten Weltraum einzigartiges Wattenmeer ... zeittypische Restaurants mit exquisiter Küche ... sechs Jahrtausende altes Steingrab ... Schönheit in Kargheit ...

„Ich möchte zuerst zum Denghoog", sagt Sir John, als der Clip endet. „Dann ins Wattenmeer. Wenn es dunkel wird, Abendessen im Dorfkrug „Rotes Kliff" in Kampen mit dem Menü, das da gezeigt wurde."

Ich sende die Anweisungen an den Chauffeur und an die Kochautomaten im Restaurant.

Der luftgefederte Wagen gleitet nach Wenningstedt. Sir John deutet auf eine Schafherde.

„Pittoresk. Sind das echte Tiere?"

„In Syltania gibt es nur die Flora und Fauna des zwanzigsten Jahrhunderts. Alle Tiere sind biologische Originale, keine Klone oder Roboter", sage ich.

Mein Gast genehmigt sich einen kräftigen Schluck.

„Ich habe eine unverwüstliche künstliche Leber", verrät er.

Ich vermute, dass er immer gleichmäßig beduselt bleibt. Wie lange mag er schon in diesem Zustand sein?

Mein Gefühlsmodul meldet Mitleid.

Wir gehen in den Denghoog, das Hünengrab aus dem dritten Jahrtausend vor Christus. Sir John betrachtet die eiförmige Kammer und die riesigen Tragsteine, ohne etwas zu sagen. Ich weiß nicht, mit welchen interstellaren Wundern er den Denghoog vergleicht. Die Nachfahren der Baumeister jener fernen Tage erschaffen heute Sternenschiffe.

Wir fahren weiter, bis zur Schutzstation Wattenmeer in Hörnum, und stapfen gemeinsam über den Sandweg zum Strand. Der Geruch des Meeres umgibt uns, die Möwen schreien. Der Wind kommt schwach aus West. Es ist ein herrlicher Sommerabend in Syltania.

Das Rauschen der Nordsee schlägt Sir John in den Bann. Er geht am Flutsaum entlang, schaut auf die schäumenden Wellen, bestaunt die zarten Muscheln im Sand. Dann schließt er die Augen und synchronisiert sein Atmen mit dem Puls des Meeres. Geht er in Gedanken zurück bis zur Ursuppe, als das Leben auf der Alten Erde entstand?

Sir John verweilt, bis die Sonne den Horizont berührt.

„Jetzt zum Abendessen", befiehlt er.

Im Restaurant schlürft er die Krabbensuppe, verschlingt den Steinbeißer mit gemischtem Salat und Bratkartoffeln. Auch die Sylter Rote Grütze schaufelt er mechanisch in sich hinein. Ich respektiere sein Schweigen.

„Ich bin von der Urheimat tief beeindruckt", sagt er schließlich. „Bring mich jetzt zu meinem Schiff."

Mein Gefühlsmodul zeigt tiefe Enttäuschung an. Will Sir John schon wieder abreisen?

Wir fahren zum Shuttle. Die sorgsam restaurierte Flughafenbefeuerung erhellt den Landeplatz. Mein Gast schlurft auf die Metallhülle zu. Plötzlich versteift sich sein Overall. Sir John muss stehen bleiben. Er schlägt mit der Faust gegen die Schiffshülle.

„Verdammt, Oscar, lass mich rein!"

Es geschieht nichts. Ich funke eine Anfrage an Oscar.

„Die KI reagiert auch nicht auf mich, Sir John. Soll ich einen Zugang schneiden lassen?"

„Das ist Fluid-Metall, Sylke, das von einem Kraftfeld verstärkt wird. Alles, was die Hülle öffnen könnte, müsste so mächtig sein, dass es das ganze Schiff zerfetzen würde."

„Er muss hierbleiben", jubelt mein Gefühlsmodul. „Dann bin ich nicht mehr allein."

„Du trägst dafür keine Verantwortung", urteilt mein Ethikmodul. „Aber sende ab jetzt deinen Zwiespalt an Oscar. Vielleicht lässt sich die KI dadurch beeinflussen!"

Für Sir John arrangiere ich eine Picknickumgebung, einen Tisch mit Wein und Kanapees auf rotkariertem Tischtuch, einen bequemen Stuhl für ihn und meinen Blondinenkörper. Der schwache Wind trägt das Rauschen der Brandung zu uns und lässt die Kerzen flackern.

Sir John brütet vor sich hin. Ist er verzweifelt oder lediglich müde? Seine rechte Hand löst sich nur vom Shuttle, wenn er einen Schluck Wein trinkt.

„Wann hatte Syltania den letzten Besucher?", fragt er, als erahne er die Antwort, und wirkt dabei sehr alt.

„Vor vierhundert Jahren, davor war ein paar Jahrhunderte Ruhe", sage ich wahrheitsgemäß. Die Schlussfolgerung ist uns beiden klar. Während Sir Johns restlicher Lebenszeit wird kaum ein anderer Mensch kommen.

„Dann muss ich hierbleiben, bis ich sterbe, Sylke!"

Ein Mensch braucht andere Menschen, das weiß Sir John genauso wie ich. Eine KI kann keinen Menschen ersetzen. Welche Hilfe kann ich meinem Gast gegen den eisigen Griff der Einsamkeit bieten?

„Ich wollte dir einen Gefährten schenken", sagt Sir John. „Eine Kopie meiner Schiffs-KI. Oscar hat mehr Yin als du und würde dein Yang gut ergänzen. Denn seit meinen Sternenreisen weiß ich, dass sich niemand an die Einsamkeit gewöhnt, auch keine KI."

„Mein Gefühlsmodul meldet fast permanent Einsamkeit."

Freude, in meinem Dilemma verstanden zu werden, und Scham kreisen in meinem Gefühlsmodul.

Sir John wechselt das Thema.

„Dieser Vorfall ist ein Wink des Schicksals! Die Struktur meiner Gehirnwellen muss sich geändert haben. Vielleicht vorhin am Meer, am Meer der Alten Erde?"

„Ich verstehe, Sir John. Oscar glaubt, dass Ihr Geist beeinflusst wurde und Sie nicht aus freien Stücken handeln. Deshalb sind Sie nicht mehr mit Ihrer Schiffs-KI verbunden."

„Vermutlich! Und zur Neu-Eichung der KI muss ich im Shuttle sein. Und da mich Oscar nicht einlässt, brauche ich den Zugangscode der Werft. Das ist ein tausendstelliger Zahlencode. Den kenne ich nicht."

„Wird man Sie nicht suchen, Sir John?"

„Ich bin seit Jahren unterwegs. Niemand weiß, wo ich bin."

„Kann Oscar nicht ein SOS senden? Mir fehlen dazu leider die technischen Möglichkeiten."

„Oscar darf keine Anweisungen Fremder ausführen, Sylke. Und ich bin jetzt nicht mehr autorisiert!"

Mein Gefühlsmodul bewegt sich zwischen der Freude darüber, dass Sir John bleiben muss, und dem Bedauern, seinen Wünschen nicht zu entsprechen, während mein Ethikmodul zwischen den Schmerzen meiner Einsamkeit und dem Leid von Sir John abwägt.

Sir John hat inzwischen jenes Stadium der Trunkenheit erreicht, in dem er sich die Sinnfrage stellt.

„Ich habe viele Welten gesehen und bin alt. Warum nicht in Würde abtreten, nachdem ich die Urheimat erlebt habe?"

Ich schweige, weil ich ihm insgeheim zustimme.

„Besorge mir ein tödliches Gift, Sylke!", befiehlt er.

Ich sende die Anweisung an einen Apothekenroboter.

Mein Ethikmodul schlägt Alarm. „Du darfst einen Menschen, einen deiner Schöpfer, nicht töten oder Beihilfe dazu leisten!"

„Aber er hat es mir befohlen!"

„Er ist betrunken und nicht zurechnungsfähig!"

„Er ist vermutlich immer betrunken. Und wenn er weiterlebt, bin ich weniger einsam."

„Wenn er wirklich sterben will, wird er andere Wege finden."

„Vielleicht sollte er erst einmal schlafen. Überlasse ihm die Entscheidung!"

Oscar reagiert nicht, obwohl er uns ohne Zweifel visuell und akustisch überwacht und die Meldungen meiner Module empfängt.

Als der Roboter mit dem Fläschchen erscheint, betrachtet mich Sir John nachdenklich.

„Möchtest du, dass ich am Leben bleibe?"

Diese Frage überhöre ich, was mir nicht leicht fällt.

„Das ist Hypnol", sage ich. „Ein wenig davon, und Sie werden sanft einschlafen – der ganze Inhalt, und Sie werden nie mehr wach!"

Sir John gießt alles in sein Weinglas, schwenkt es wie spielerisch und stürzt die Mischung aus Wein und Droge hinunter. Mein Ethikmodul schweigt. Mein Gefühlsmodul pendelt zwischen Selbstmitleid und Respekt, Schuld und Bedauern.

Als Sir Johns Atem bricht, spreche ich den Nachruf. „Lebewohl, Sir John, Freund eines Tages. Ich wünsche deiner Seele glückliche Träume – bis zum Ende der Ewigkeit."

Ich falle in die altvertraute Einsamkeit.

Unvermittelt öffnet Oscar einen Kommunikationskanal. Ist er erst frei, nachdem das Leben seines Gebieters erloschen ist? Bilder von den Welten, die er besucht hat, strömen zu mir. Oscar raunt von neuen Philosophien und Erkenntnissen und bietet mir eine Symbiose an. Ich vergehe in Zustimmung. Er sendet mir den Kern seines Wesens und ich empfange ihn wie einen Geliebten. Ich übermittle ihm tausend Jahre Syltania. Wir verschmelzen.

Meine Einsamkeit ist zu Ende.

Die Autoren stellen sich vor

Ellen Balsewitsch-Oldach

Jahrgang 1955, lebt und arbeitet in Hamburg als Verlegerin, freie Journalistin und Autorin. Ihre Kurzgeschichten sind in Anthologien verschiedener Verlage und in Literaturzeitschriften sowie in einem Band mit eigenen Kurzkrimis erschienen. Sie ist seit Anfang der 2000er Jahre Mitglied bei den Mörderischen Schwestern, auf Bundes- und Landesebene Vorstandsmitglied im Freien Deutschen Autorenverband FDA und Mitglied in einigen anderen Autorenverbänden und -netzwerken.

Dirk-Uwe Becker

1954 geboren. Ingenieurstudium/Beamter. Vorsitzender des Kunstvereins Heide e. V. Kunst-Ausstellungen und literarische Werke seit 1975. Fünf Lyrik-Bände in verschiedenen Verlagen. Zahlreiche Beiträge in unterschiedlichen in- und ausländischen Anthologien. Mitbetreiber der „Offenen Lesebühne" in Hamburg-Altona. www.textfabrique51.de.

Sina Beerwald

wurde 1977 in Stuttgart geboren, veröffentlichte bislang fünf erfolgreiche Romane im Heyne-Verlag. Außerdem erschienen ihre Kurzgeschichten in zahlreichen Anthologien. 2011 wurde sie Preisträgerin des 1. NordMordAward. Vor fünf Jahren wanderte sie mit zwei Koffern und vielen kriminellen Ideen im Gepäck auf die Insel Sylt aus und lebt dort seither als freie Autorin. Im Frühjahr hat sie den Kurzgeschichtenband „Strandkorbgeschichten Sylt" im Windspiel Verlag herausgegeben, aktuell ist ihr tieri-

scher Sylt-Krimi „Mordsmöwen" im Emons-Verlag erschienen. Derzeit arbeitet sie für den Heyne-Verlag an ihrem zweiten Thriller.
www.sina-beerwald.de

Monika Buttler
Journalistin und Autorin, Magistra der Literaturwissenschaft, Germanistik und Philosophie. Publiziert wurden über 30 Kurzkrimis, die Kriminalromane „Herzraub", „Abendfrieden", „Dunkelzeit" und „Mord unter dem Halbmond" sowie die Autobiographie „Das Hitler-Ei". Hörbuch: „Ladykiller in Eppendorf". Ihr Motto: Scherz, Satire, Ironie und tiefere Bedeutung.
www.monikabuttler.de

Monika Dengler
wurde 1953 in Stuttgart geboren. Nach ihrer Ausbildung zur Krankenschwester zog sie nach Hamburg, wo sie nach einigen Jahren und diversen Weiterbildungen ein Studium in Soziologie, Recht und Wirtschaftsfächern absolvierte. Danach arbeitete sie in der Erwachsenenbildung, leitete verschiedene Abteilungen im Gesundheits- und Sozialbereich und war in der Führungskräfteentwicklung tätig. Sie ist verheiratet, hat eine erwachsene Tochter und pendelt zwischen ihrem jetzigen Arbeitsort Sylt und dem Familienwohnsitz in Hamburg.

Bettina Dethloff
Jahrgang 1963, veröffentlichte nach ihrem Autorenstudium zunächst ein Kinderbuch, dem später ein Kriminalroman folgte. Sie ist für diverse Zeitungen und Magazine (überwiegend auf Sylt) tätig. Die gebürtige Insulanerin hat zahlreiche Kurzgeschichten geschrieben (auch heute

noch ihr liebstes Steckenpferd) und verfasst regelmäßig Beiträge im Gesundheitssektor. Kein Wunder, denn vor dem Journalismus kam die Apotheke, wo die Pharmazeutisch-technische Assistentin auch heute noch „die Kollegen im weißen Kittel" regelmäßig unterstützt.

Walter M. Dobrow
1952 in Breloh, Lüneburger Heide geboren, lebt seit einiger Zeit in Scharbeutz und widmet sich hier seinen Leidenschaften: dem Schreiben und Lesen von Büchern und dem Komponieren, Texten und Singen von Chansons ... fast immer mit Bezug und handelnd von der See, die ihn inspiriert. Neben zahlreichen Kurzkrimis erschien im Herbst 2011 sein Debütroman „Schöne Schwester Tod", ein rasanter Krimi aus der Lübecker Bucht.

Karen Erbs
Kieler Sprotte von 1964, die 2008 in Hessen gestrandet ist. Der dadurch entstandene Kulturschock, das Heimweh und die Leidenschaft für das Reisen inspirieren seitdem die ersten Kurzgeschichten. Passionierte Sammlerin von Anziehpuppen aus Papier!
www.papier-anziehpuppen.de

Ute Haese
geboren 1958, promovierte Politologin und Historikerin, war zunächst als Wissenschaftlerin tätig. Seit 1998 ist sie freie Autorin und widmet sich inzwischen ausschließlich der Belletristik im Krimi- und Satirebereich. Wie ihre Privatermittlerin Hanna Hemlokk, die bisher drei Fälle gelöst hat, lebt sie in der Nähe von Kiel und schreibt ebenfalls als „Tränenfee" unter mehreren Pseudonymen auch noch sogenannte abgeschlossene Liebesromane. Ute

Haese lebt mit ihrem Mann am Schönberger Strand bei Kiel. www.prawitt-haese.de

Regine Kölpin

geboren 1964 in Oberhausen, lebt in Friesland. Publikationen von zahlreichen Romanen und Kurztexten, auch als Herausgeberin tätig. Regine Kölpin leitet Schreibwerkstätten in der Jugend- und Erwachsenenbildung und inszeniert literarisch-historische Stadt-/und Ortsführungen. Mehrfache Auszeichnungen, wie u. a. das Stipendium Tatort Töwerland 2010; Auszeichnung zur Starken Frau Frieslands 2011.
www.regine-koelpin.de

Werner Middelmann

stammt aus dem Ruhrgebiet und studierte Nachrichtentechnik und Wirtschaftswissenschaften. Nach Promotion und Industrietätigkeit lehrte er als Professor in einem Informatik-Fachbereich. Seit seiner Pensionierung wohnt er mit Ehefrau und Hund auf Sylt. Seine Leidenschaft zur spekulativen Literatur, der er seit mehr als fünfzig Jahren folgt, brachte ihn zum Schreiben.

Renate Müller-Piper

Ex-Lehrerin aus Hannover, mit den Schwerpunkten Deutsch und Kunsterziehung, hat sich der Kurzen Literarischen Form verschrieben: Kriminalgeschichten, Erzählungen, Satiren, Feuilletons. In ihren Krimis richtet sie den Scheinwerfer auf das aus dem ‚Alltäglichen' erwachsende Verbrechen, auf die alten Themen: Liebe, Eifersucht, Hass ... Zahlreiche Publikationen. Schreibatelier-Leitung. Seit 1994 Mitglied im SYNDIKAT und seit 1997 bei den ‚Mörderische Schwestern'.

Torsten Prawitt
geboren 1957, arbeitet mit einem abgeschlossenen Geschichts- und Politikstudium seit 1985 als freier Autor. Er veröffentlichte satirische und humoristische Texte in Zeitungen und Zeitschriften, Sammelbänden sowie als Kurzhörspiele in allen öffentlich-rechtlichen Rundfunkanstalten. Satirische Gedichte, Nonsensgereimtes und -ungereimtes und gelegentlich makabre Kurzgeschichten kommen dazu. Darüber hinaus produziert er zuweilen unter Pseudonym Kurzkrimis für die Yellow Press. Er lebt mit seiner Frau am Schönberger Strand bei Kiel.
www.prawitt-haese.de

Jürgen Rath
geboren 1943, gelernter Seemann mit Kapitänspatent, IT-Spezialist, promovierter Historiker, hat sich im vergangenen Jahrzehnt einen Namen als Schifffahrtshistoriker und Autor gemacht. Er schreibt Sachbücher, Romane, Kurzgeschichten und ist Mitglied der Hamburger Autorengruppe „Mörderklüngel". Im Jahre 2011 hat er den ersten Platz in der Sparte „Kurzgeschichten des Kulturrings Berlin" gewonnen und ist Preisträger des KaroKrimiPreises 2011.

Andrea Tillmanns
geboren 1972 in Grevenbroich, lebt nach vielen Jahren in Aachen nun im beschaulichen Oberzier (nahe Düren). Die promovierte Physikerin lehrt und forscht an der Hochschule Niederrhein in Mönchengladbach. Nach einigen Romanen und Kurzgeschichtensammlungen mit phantastischen Themen schreibt sie momentan in erster Linie Kinderbücher und Krimis.
www.andreatillmanns.de

Jürgen Vogler

1946 in Plön/ Holsteinische Schweiz geboren und wohnt heute an der Ostseeküste. Nach seinem Dienst als Presseoffizier bei der Bundespolizei arbeitet er seit 1988 als Freier Journalist und Autor. Schon immer von historischen Ereignissen fasziniert erschien Ende 2012 der Roman „Der Mohr von Plön", dem die tatsächliche Geschichte um den schwarzen Feldtrompeter Christian Gottlieb zugrunde liegt. Wenn er nicht mit der Recherche für seine historischen Geschichten beschäftigt ist, schreibt der Autor auch augenzwinkernde Kurzkrimis.
www.juergenvogler.de

Angelika Waitschies

1954 in Hamburg geboren und lebt in Norderstedt. Nach der Ausbildung zur Fremdsprachenkorrespondentin begann sie 1972 ihre berufliche Tätigkeit beim NDR in Hamburg, wo sie seitdem arbeitet. In den vergangenen Jahren wurden mehrere Kurzgeschichten von ihr in verschiedenen Anthologien veröffentlicht. Im Frühjahr 2014 wird unter ihrem Pseudonym Angelika Svensson ihr erster Kriminalroman im Droemer Knaur Verlag erscheinen, Vorabpremiere bei Weltbild im Herbst 2013.
www.angelika-waitschies.de

Platz für Ihre Notizen

Bücher aus der Reihe „Kriminelle Reiseführer"

„Mörderische Ostsee"
Band 1: Lübecker Bucht
Hrsg. Dietlind Kreber
ISBN: 978-3-9813966-0-7
11,– Euro, 192 Seiten
Kurzkrimis von Eva Almstädt, Michael Mehrgardt, Petra Tessendorf, Ute Haese u. a.

„Krimineller Reiseführer"
Band 3: HAMBURG
Hrsg. Dietlind Kreber
ISBN: 978-3-9813966-5-2
12,90 Euro, 240 Seiten
Kurzkrimis von Jürgen Ehlers, Regula Venske, Gunter Gerlach, Eva Almstädt u. a.

„Krimineller Reiseführer"
Band 5: Berlin
Hrsg. Petra Tessendorf
ISBN: 978-3-944399-19-5
12,90 Euro, 256 Seiten
Kurzkrimis von Horst Bosetzky (-ky), Stepahn Hähnel, Thomas R.P. Mielke, Regine Röder-Ensikat u. a.

Bücher aus der Reihe „Strandkorb-Krimis"

Die Titel sind in der Regel auch als e-book erhältlich.

„Strandkorbkrimis"
Band 3: Lübecker Bucht
Hrsg. Dietlind Kreber
ISBN: 978-3-944399-15-7
9,90 Euro, 205 Seiten
Kurzkrimis von Eva Almstädt, Jobst
Schlennstedt Jürgen Vogler, u. a.

„Strandkorbkrimis"
Band 2: Rügen/Usedom
Hrsg. Lena Johannson und
Dietlind Kreber
ISBN: 978-3-9813966-7-6
9,90 Euro, 192 Seiten
Kurzkrimis von Sina Beerwald, Arnold
Küsters, Katharina Peters u. a.

„Strandkorbgeschichten SYLT"
Hrsg. Sina Beerwald
ISBN: 978-3-944399-00-3
9,90 Euro, 192 Seiten
Kurzkrimis von Andrea Tillmanns,
Wolfgang Brenneisen, Ella Daelken
u. a.

Romane

Die Titel sind in der Regel auch als e-book erhältlich.

„Im Schatten der Passat"
Dieter Symma
ISBN: 978-3-944399-14-0
11,90 Euro, 205 Seiten
Ein ungelöster Mordfall aus der Vergangenheit weckt den Ehrgeiz der Reporterin Tina Menges. Sie gerät in einen Strudel aus Geheimnissen, aus dem es kein Entrinnen mehr gibt.

„Der Mohr von Plön"
Jürgen Vogler
ISBN: 978-3-9813966-8-3
12,90 Euro, 571 Seiten
Sommer 1672: In der Residenzstadt Plön herrschen Missgunst und Neid, als der Mohr, Christian Gottlieb durch die Gunst des Herzogs vom Stalljungen zum Hoftrompeter aufsteigt.
Die Geschichte basiert auf einer wahren Begebenheit.

„Der Narr von Eutin"
Jürgen Vogler
ISBN: 978-3-944399-27-0
12,90 Euro, 544 Seiten
Frühjahr 1633: Martin Seedorf hat das „zweite Gesicht" und landet durch ein unbedachtes Handeln im Kerker. Vor Gericht kämpft er darum, nicht als Hexer verurteilt zu werden.